인생의 연금술

인생의 연금술

스스로 설계한 미래를 끌어당기는 법

이하영 지음

웅진 지식하우스

프롤로그

왜 마음인가?

"Manners maketh man."

매너가 사람을 만든다. 영화 〈킹스맨〉의 명대사다. 킹스맨 요원인 해리 하트가 주인공 에그시를 괴롭히는 동네 갱단을 혼내주는 장면에서 등장하는 말이다.

매너라는 단어는 다양한 뜻을 담고 있지만 그것의 기본적 의미는 '행동 방식'이다. 한 사람의 행동 방식은 그 사람의 말과 행동 패턴을 뜻한다. 일상에서 하는 말과 행동이 그 사람의 매너인 것이다. 그리고 말과 행동은 생각에서 비롯된다. 결국 행동 방식은 자신의 생각 방식을 의미하고, 생각 방식이 자신의 삶을 만든다는 것이 영화〈킹스맨〉에 깔려 있는 매슈 본 감독의 철학이다.

산에 가면 산이 좋고, 바다에 가면 바다가 좋다. 고개를 들어 파란 하늘을 보면 기분이 좋아지고, 한밤중의 빛나는 별에는 아련한 추억마저 떠오른다. 산과 바다와 하늘과 별, 그것들은 우리에게 늘 좋은 감정을 준다. 왜 그럴까? 사실은 우리 마음이 좋아서 그런 거다. 우리의 마음이 좋을 때 산이 좋고, 바다가 좋다. 마음이 괴로움으로 가득 차 있으면 산에 가도 괴롭고, 바다에 가도 괴롭다. 나의 좋은 마음이 산과 바다에 투영되어 산이 좋고 바다가 좋은 거지, 산과 바다가 우리 마음을 좋게 해주는 건 아니다. 산과 바다는 그저 그 자리에 있을 뿐이다. 푸른 하늘과 빛나는 별도 마찬가지다. 좋고 싫음은 세상이 주는 게 아니다. 내 마음의 좋고 싫음이 세상에 펼쳐질 뿐이다.

나의 내면이 긍정으로 채색되어 있다면, 나에게는 긍정의 관점이 생긴다. 그 긍정의 관점으로 우리는 세상을 바라본다. 그러면 현실을 긍정적으로 해석하게 된다. 빨간 안경을 끼고 세상을 보면 세상은 빨갛게 보인다. 긍정의 안경은 기분 좋은 산과 바다를 만들며, 시원한 푸른 하늘과 아련한 추억의 별을 만든다. 반대로 부정의 안경은 그 모든 것을 부정적인 것, 즉 두려움과 불안 혹은 분노로 물들인다. 산에 가도, 바다에 가도 괴롭고 우울하다. 하늘을 봐도, 별을 봐도 두렵고 불안하다. 내면의 관점이 세상을 그렇게 만들고 그렇게 생각하게 한다. 그러한 생각과 해석이 습관이 되는 것, 그것이 바로 생각 패턴이자 행동 패턴이다. 즉, 자신의 매너다. 매너가 사람을 만들지만, 그 매너는 마음이 만드는 것이다.

그렇다면 우리의 마음은 어떨까? 마음을 한번 관찰해보자. 한 가지 질문을 해보겠다. 하루에 스마트폰을 몇 번 보는가? 하루에 스마트폰을 보는 시간을 합치면 몇 분인가? 대부분은 비슷하다. 몇 분이 아니다. 몇 시간이다. 그렇게 우리는 스마트폰을 본다. 그렇다면 마음은? 우리는 마음을 하루에 몇 시간, 아니 몇 분이라도 바라볼까? 절대 그렇지 않다. 우리는 마음을 하루에 한 번도 바라보지 않는다. 명상이나 마음공부, 혹은 수행을 하는 분들이 보통 5분 내외로 마음을 본다. 우리의 삶을 만드는 게 우리의 마음인데, 세상에서 가장 중요한 이 마음을 우리는 소홀히 한다. 스마트폰 상태를 내 마음 상태보다 중요하게 여기는 것이다. 소유가 본질에 우선하고 있다.

왜 그럴까? 우리는 그렇게 교육을 받았기 때문이다. 자본주의 세상에서 가장 중요한 것은 돈이다. 돈의 소유가 스마트폰이 되고, 비싼 차가 되고, 명품 가방이 된다. 그리고 그 소유를 통해 나는 인정을 받고, 그 인정이 나의 정체성이 된다. 하지만 나의 물건이 내가 되는 순간, 나는 소유의 주인이 아닌, 소유의 노예가 된다. 그 소유를 내 삶의 주인으로 모시며, 가장 많은 시간을 그들과 함께 보내야 한다. 하루 종일 스마트폰의 노예가 되는 것이다. 하지만 그것들이 내 마음을 좋게 만들어주지는 못한다. 앞서 말했듯 나의 폰이, 나의 차가, 나의 백이 나에게 행복을 주는 것은 아니다. 나의 좋은 마음이 내 폰과 내 백을 좋게 만들고, 나의 내면이 행복할 때 즐거운 드라이빙이 가능한 것이다.

나는 소유를 부정하는 게 아니다. 그것을 소유할 때의 내 마음을 살펴보자는 것이다. 가령 아무리 좋은 차와 아무리 좋은 집에 머물러도 마음이 편안하지 않을 때가 있다. 이것은 차나 집과는 무관한 내 마음의 문제다. 그러나 우리는 반대로 생각한다. 그것들이 좋지 않아서 내 마음이 만족스럽지 않다고 착각하는 것이다. 그래서 더 좋은 것을 구하려 한다. 그리고 더 많이, 더 오래 소유하려 한다. 그 '더, 더, 더'에 중독되어 지금 가진 것에 만족하지 못한다. 가진 것에 감사하지 않고, 가지지 못한 것에 집착하는 것이다. 소유에 감사하는 즐거움은 없고, 마음의 결핍이 만드는 집착의 괴로움만 남는다.

마음이 좋을 때 산이 좋듯이, 마음이 결핍되면 현실은 늘 부족하다. 모든 것을 가져도 우리는 여전히 아쉽다.

가진 것을 원하는 삶

나는 미래의 내 아이 이름을 지어놓았다. '가원'이다. '가진 것을 원하는 아이'라는 뜻이다. 우리는 우리가 가진 것을 원할 때, 즉시 만족하고 금방 행복해질 수 있다. 내가 원하는 것이 이미 내가 갖고 있는 스마트폰이라면, 나는 금방 행복해진다. 내가 원하는 것이 지하 주차장에 있는 내 차라면, 내 삶은 바로 만족스러워진다. 내가 이미 가진 것을 원하고, 일상의 당연함에 감사하는 삶, 그것이 '가진 것을 원하는' 가원의 삶이다. 하지만 우리는 반대로 산다. 가지지 못한 것을 원하고, 그것에 집착한다. 내가 가진 것보다 더 좋은 것을, 남보다 더 많이, 더 오래 소유하기를 원한다. 바로 이 '3더'의 삶이 우리의 마음을 결핍으로 채우고, 부정으로 채색하며, 괴로움으로 물들인다. 그 괴로운 마음이 괴로운 현실을 만들고 있다.

그러니 일상에 감사하고 가진 것을 원하는 가원의 삶으로 내 매너를 바꿔보자. 내 생각과 말과 행동의 패턴이 바뀌면, 내 마음의 상태도 바뀐다. 마음이 긍정으로 바뀔 때, 나의 좋은 마음이 좋은 세상을 만들게 된다. 만족하면 행복해지고 집착하면 불행해진다. 그리고 그 마음의 만족이 내면의 결핍을 사라지게 하고, 마음의 풍요를 채운다.

마음이 풍요로워질 때, 현실은 풍족해진다. 풍요의 생각, 풍요의 말과 행위가 나를 감쌀 때, 일상은 풍족으로 이미 채워져 있다. 돈이 많아서 만족스러운 게 아니다. 마음이 만족할 때 삶은 이미 부로 물들어 있다. 이것은 단순히 상상이 현실을 만든다는 '시크릿'과 같은 이야기가 아니다. '세상 모든 것은 마음이 만든다'라고 하는 일체유심조(一切唯心造)의 가르침을 말하는 것이다. 일체유심조는 지식이 아니다. 일체유심조를 지식으로 이해하면 시크릿은 망상이 되지만, 일체유심조를 경험으로 깨달으면 시크릿은 진리가 된다. 그것은 이미 내 삶의 작동 방식이 되어 행복하고 풍요로운 인생을 직조하고 있다.

가원하는 삶만큼 중요한 것이 또 하나 있다. 바로 자리이타(自利利他)의 삶이다. '타인을 이롭게 하는 것이 나를 이롭게 한다'는 뜻이다. 남에게 이익이 될 때 나에게도 이익이 되는 것이고, 내 주변 사람을 행복하게 할 때 나도 행복해진다. 그리고 내 주변이 행복으로 물들어 있으면, 나는 이미 행복해져 있다. 하지만 우리는 반대로 배워왔다. 경쟁을 통해 남보다 위에 있어야 하고, 남보다 많이 가져야 하고, 남보다 우월해야 한다. 상대는 나보다 밑에 있어야 하고, 타인은 나보다 적게 가져야 하고, 내 주변 사람은 나보다 열등해야 한다. 그래야 행복할 수 있다고 배워왔다. 그 세뇌가 지금의 불행을 만들고 있다.

우리는 타인의 불행 위에 나의 행복을 쌓고 있다. 그리고 더 높은 곳을 향하여 끊임없이 타인의 불행을 밟고 올라가고 있다. 그러면서 더 높은 경쟁 우위를 위해 소유에 집착하고, 성공을 꿈꾸며, 최고를 욕망한다. 그 과정에서 생기는 건 만족이 아니다. 끊임없는 결핍감뿐이다. 나보다 높은 곳에 있는 사람과의 비교를 통한 마음의 부족감이다. 그리고 그 결핍감을 지닌 채 끊임없이 부족한 현실을 만들고 자신을 괴롭히며 타인을 불행하게 한다. 그러다 인생의 끝에서 알게 된다. 남의 불행을 내 행복의 조건으로 삼을 때, 그 행복의 조건은 불행의 조건이 된다는 것을. 타인이 불행할수록 내가 행복해지는 것이 아니었다. 내 삶은 이미 불행으로 점철되어 있었다.

삶을 행복하게 만드는 방법은 하나다. 내 마음이 행복하면 된다. 나의 좋은 마음이 좋은 산을 만들듯, 내 마음의 행복이 행복한 삶을 만든다. 그러기 위해서는 행복을 많이 인식해야 한다. 내 주변을, 내 주변 사람을 행복하게 할 때, 우리는 행복을 더 많이 인식하게 되고, 그 인식 속에서 나는 행복하게 된다.

인생의 연금술은 그런 것이다. 삶을 반짝이는 금으로 만드는 기술은 빛나는 나의 미소를 만드는 마음의 행복이다. 그건 타인의 불행으로 만드는 게 아니다. 타인의 불행은 내 삶을 빛나게 할 수 없다. 내 주변의 행복이, 그들의 미소가 나를 행복하고 풍요롭게 만든다. 나도 행복하고, 그들도 행복하고, 내 삶이 풍요롭고, 풍요의 나눔으로 주변을 이롭게 하는 삶, 그것이 인생의 연금술이다. 그래야 우리는 행복에 물들어 살게 된다. 돈만 많은 외로운 '돈자'가 아닌, 사람이 함께하는 행복한 '부자'가 되는 길이다.

기억하라. "Manners maketh man"은 〈킹스맨〉의 명언이지만, 우리 삶에 필요한 금언은 이것이다.

"Make men happy."

차례

프롤로그   4

1장   변화의 씨앗을 심다

1	도파민을 좇지 않는 삶	21
2	신은 이미 우리 안에 존재한다	26
3	세상을 내 편으로 만드는 법	31
4	각막의 역할	36
5	미래를 끌어당기는 단 하나의 법칙	41
6	나와 세상을 연결하는 알아차림	47
7	익숙한 일상도 낯선 여행처럼	52
8	풍요로 채우고, 감사로 물들이다	57
9	뜻대로 하옵소서	61
10	의도의 힘	64

2장 흔들리지 않는 뿌리를 내리다

1	지금이 없으면 미래도 없다	73
2	마음에 부는 바람	76
3	결정장애에서 벗어나는 길	80
4	신호등의 시간	84
5	번아웃, 소진이 아닌 성장	89
6	'비교'라는 종교	94
7	안개가 사라지지 않는 안개 구간은 없다	99
8	공을 잡아내는 외야수처럼	104
9	생각은 하는 게 아니라 쓰는 것이다	110
10	기도의 본질	114
11	명상을 통한 전환	119

3장   관계의 가지를 확장하다

1	관계의 시작: '니드'의 사랑, '기브'의 사랑	129
2	관계의 과정: 배신의 역설	134
3	관계의 소멸: 이별은 감사로 끝나야 한다	139
4	관계에 대한 고민은 삶을 성장시킨다	144
5	깊은 상실을 이겨내는 법	149
6	'우리'라는 말의 진짜 의미	154
7	어른이란 자신이 누구인지 아는 사람이다	157

4장   부의 열매를 맺다

1	두 명의 나와 오늘을 사는 법	167
2	가난을 알아차릴 때	170
3	소유와 존재	174
4	레버리지	179
5	부의 예언자	184
6	첫 번째 화살은 맞더라도, 두 번째 화살은 맞지 마라	189

| 7 | 어차피 잘될 거라는 앎 | 193 |
| 8 | 인생의 연금술 | 196 |

5장 내면의 숲을 이루다

1	감사하고, 감탄하고, 감동하라	205
2	그냥 재밌고 가볍게 삽니다	209
3	나를 이롭게 하라	215
4	소라의 노래	219
5	행복은 여기에 있다	224
6	마음의 부력	228
7	사는 이유는 없다	233
8	생에 어떤 이야기를 담을 것인가?	237
9	삶은 꿈이다	242

1장

변화의
씨앗을 심다

앞을 향해 걸어간다고 생각하는가?
내가 움직이는 것이 아니라,
세상이 내게 다가오는 것이다.

1   도파민을 좇지 않는 삶

여러분과 만나는 첫 글을 어떻게 시작할지 고민하다가 이렇게 질문해본다. 우리는 왜 책을 읽을까? 지금 왜 의자에 앉아 이 책을 펼치고 있을까? 더 나아가 아침에 왜 출근을 할까? 왜 출근을 하고, 직장 상사에게 시달리며, 고객의 불평을 들어야 할까? 왜 시간을 들여 학원에 다니고, 자기계발을 하는 걸까? 돈은 또 왜 벌까? 좋은 신발과 좋은 가방을 사기 위해서? 맛있는 음식을 먹고, 색다른 곳으로 여행을 떠나기 위해서? 그렇다면 여행은 왜 할까? 이렇게 질문에 질문을 이어가다 보면 알게 된다. 정답은 행복하기 위해서다. 행복하기 위해 돈을 벌고, 행복하기 위해 맛있는 음식을 먹는다. 자기 성장과 자기 성취에서 오는 행복한 느낌을 위해 학원도 다니고, 책도 읽는다. 결국은 행복이다. 우리는 행복하기 위해 이 모든 것을 하고 있다.

그렇다면 마지막 질문이다. 우리는 왜 행복하려고 할까? 불행해서다. 그래서 행복을 삶의 최고 가치로 두고 그 행복을 찾기 위해 노력한다. 그런데 우리는 행복하지 않다. 우리는 괴롭다. 우리는 불행하다. 왜 그럴까? 답은 하나다. 우리가 행복을 추구하지 않고, 괴로움을 추구해서다. 거꾸로 이야기하면 우리는 즐거움을 추구하기에 행복할 수 없는 거다. 행복을 즐거움으로 착각해서, 그 즐거움을 추구하는 게 행복을 위한 삶이라고 교육받고 세뇌당했다. 그렇게 교육한 사회와 우리 부모들 역시 같은 방식으로 세뇌되었기 때문이다. 그러나 즐거움의 추구는 행복의 추구가 아니다. 즐거움의 추구는 괴로움의 추구이고, 결국 불행한 삶을 위한 방식이다.

즐거움은 행복이 아니다. 즐거움은 도파민이다. 도파민은 우리 뇌의 신경전달물질 중 하나다. 인간에게 즐거움을 느끼게 하고 동기를 부여해 그 행위를 반복하게 하는 역할을 한다. 너무 유명해서 일반 대중들도 아는 물질이다. 이 도파민이 상승하면 우리의 기분이 좋아진다. 보상 회로가 활성화되며 쾌감이 발생하기 때문이다. 쾌감은 우리 육체의 쾌락 상태 혹은 정서적 고양 상태를 말한다. 뇌에서 도파민 분비가 일어나면 나도 모르는 고양된 기분 속에 빠진다. 그 좋은 기분 아래 나타나는 신체적 반응마저 즐겁게 해석해버린다. 감정이라는 것은 우리의 표정과 신체에 나타난 여러 변화에 대한 대뇌피질의 해석을 이야기하는데, 도파민이 상승한 상태에서 나타나는 표정의 변화, 빠른 호흡과 심박수의 증가를 우리 뇌는 긍정적으로 판단한다. 그리고 그것들을 즐거운 감정으로 받아들이게 된다. 대부분의 사람이 즐거움을 도파민이라 부르는 이유다.

하지만 분비된 도파민은 상승된 상태를 계속 유지할 수 없다. 어느 정도 시간이 지나면 도파민의 수치는 떨어지고, 본래의 기저치로 내려오게 된다. 오히려 기저치보다 더 떨어지는 경우도 있다. 마약 중독자에게 흔히 볼 수 있는 상황이다. 마약을 하면 도파민의 일반적 분비량을 넘어서는 10배 이상의 도파민 상승을 보인다. 기분 좋은 상태를 넘어 환각의 레벨로 들어가는 경우다. 그 정도의 병적인, 비정상적인 분비가 지나면 도파민의 고갈이 일어난다. 그리고 그 고갈된 도파민을 정상적인 레벨로 올리는 데는 상당 시간이 소요된다. 그 시간 동안 마약 중독자는 그 어떤 즐거움도 느낄 수 없다. 도파민이 사라졌기 때문이다. 금단 기간에 일어나는 엄청난 괴로움이 그들에게 발견된다.

도파민은 상승했다가 감소하고 다시 정상화되는 과정을

반복한다. 우리 삶도 그렇다. 즐거운 도파민의 상승 시기가 지나면, 괴로운 도파민의 하강 시기가 찾아온다. 즐거움 뒤에는 반드시 괴로움이 있다. 즉 괴로움은 즐거움으로 나타나는 것이다. 그래서 즐거움은 괴로움을 등지고 있으며, 괴로움은 즐거움의 자궁에서 태어난다. 마치 손바닥과 손등처럼 즐거움과 괴로움은 하나로 붙어 있다. 그 둘은 하나다.

즐거움의 추구는 괴로움의 추구다.

결국 즐거움을 위한 삶은, 괴로움을 위한 삶이다. 인간이 괴로운 이유는 즐거움을 추구하기 때문이다. 그래서 자신도 모르게 괴로움을 위한 삶을 산다. 진정한 행복은 괴로움이 없는 상태다. 아이러니하게도 괴롭지 않은 상태, 불교에서 말하는 열반의 상태가 바로 행복이다. 그런데 여러분은 행복한가? 다시 말해, 여러분은 괴롭지 않은가? 그렇지 않다. 이유는 간단하다. 내가 원하는 대로 세상이 바뀌길 원해서다. 내가 원하는 걸 품에 갖길 원해서다. 내가 원하는 대로 상대가 바뀌길 원해서다. 그런데 그렇게 되질 않는다. 세상은 내 뜻대로, 내 생각대로, 내 소원대로 이루어지지 않는다. 세상은 내 것이 아니기 때문이다. 세상은 세상 것이다. 그러니 세상은 세상 뜻대로 이루어진다. 내가 원하는 대로 이루어지지 않으니 괴롭다. 내가 원하는 걸 가질 수 없으니 우리는 불행하다. 내 원하는 대로 남편이, 부모가, 자식이 바뀌지 않으니 늘 다툼이 일어난다. 그 모든 이유는 하나다.

세상은 내 뜻대로 이루어지지 않는다.
세상은 세상 뜻대로 펼쳐진다.

세상이 세상 것임을 모를 때, 우리는 괴로워진다. 그 괴로움에서 벗어나는 길은 하나다. 알아차림이다. 세상이 내 것이 아님을 깨닫게 될 때, 우리는 무지의 괴로움에서 벗어난다. 그냥 나는 내가 할 일을 즐겁게 하면 되고, 세상은 세상 뜻대로 그에 대한 선물을 줄 뿐이다. 그러면 우리는 바로 행복해진다. 내가 원하는 대로 세상이 달라져야 한다는 집착이 사라지기 때문이다. 괴로움이 없는 열반의 상태, 그것이 진정한 행복이다. 착각하지 말자. 행복은 즐거움이 아니다. 행복은 괴로움이 없는 것이다.

2 신은 이미 우리 안에 존재한다

　세상은 내 뜻대로 이루어지지 않는다. 세상은 세상 뜻대로 펼쳐진다. 앞서 말한 내용이다. 그렇다면 세상은 누가 만들었을까? 세상은 조물주가 만들었다. 그 존재가 빅뱅을 통해 이 세상을 만들었고, 이곳을 변화시킨다.

　조물주, 즉 신은 다양한 이름을 가진다. 한 글자로 표현하면 '식(識)'이다. 두 글자로 표현하면 '의식(意識)'이고, 세 글자로 하면 '무의식(無意識)'이다. 네 글자로 하면 '알아차림'이며 다섯 글자로 하면 '창조의 근원'이고, 여섯 글자로 하면 이렇게 표현할 수 있다.

　"그건 바로 나야."

그렇다. 세상을 만드는 신은 바로 나의 무의식이다. 나의 의식이자, 내 마음의 에너지가 세상을 만들고 있다. 불교에서 말하는 일체유심조가 바로 그것이다. "내 마음이 세상을 만든다." "내 마음이 신의 역할을 한다." 여러분은 이 말에 얼마나 동의하는가? 너무나 많이 들어본 말이라 조금 진부하게 느낄 수도 있다. 마음이 중요하고, 마음이 바뀌어야 삶이 바뀐다는 의미로 자주 들었던 표현이다. 그러나 머리로는 이해하지만 경험으로 잘 풀어내지 못했기에, 실제 삶의 앎으로 단단하게 받아들이지 못한다. 마음이 세상을 만든다고? 그런 일이 생길 수 있을까? 잔소리 같은 지식으로만 생각하지, 삶의 진리, 우주의 원리, 세상의 실체라고는 받아들일 수 없다.

그런데 2,500년 전에 했던 부처님의 이 말씀이 현대 물리학에서 똑같이 재현되고 있다. 마음이 세상을 만든다. 조금 더 구체적으로 말하면 마음의 인식이 세상의 존재를 만든다. 관찰이라는 인식 작용이 세상의 물질을 만들고 있다. 양자역학에서 말하는 '관찰자 효과(observer effect)'다. 우리의 관찰이 파동의 붕괴를 통해 에너지를 물질로 변환시킨다. 쉽게 말하면, 우리가 세상을 그렇게 관찰할 때, 세상은 그 모습으로 보인다는 말이다. 예를 들어보면 이렇다.

내 키는 177센티미터다. 그런데 내 친구 중에는 나보다 작은 친구도 있고, 180센티미터가 넘는 친구도 있다. 그렇다면 나는 키가 큰 사람인가? 작은 사람인가? 나는 큰 사람이기도 하고 작은 사람이기도 하다. 작은 사람보다는 크지만, 큰 사람보다 작다. 그런데 그들이 없으면? 나는 둘 다 아니다. 크지도 작지도 않다. 세상 모든 것이 똑같다. 세상에 큰 것과 작은 것은 없다. 비교 대상이 없으면 우리는 크고 작은 걸 분별할 수 없기 때문이다. 세상엔 좋고 나쁜 게 없으며, 옳고 그른 것이 없다. 높고 낮음이 없고, 앞과 뒤도 없다. 선악과 미추도 다 똑같다. 그냥 우리의 분별이, 우리의 비교가 그렇게 만들 뿐이다. 그냥 기준 하나로 우리는 판단하고 분석해서 해석할 뿐이다. 그 해석이 세상이다. 그 해석이 나는 이하영이고, 그 판단이 나는 작가고, 그 분별이 나는 키 큰 사람이다.

　세상은 해석되고 판단된 것이다. 그 분별이 없다면 세상은 뭐라고 표현할 수 없다. 지금 눈앞에 읽고 있는 이 책을 판단 없이 그리고 해석 없이 표현해보라. 판단과 해석의 도구인 언어를 사용하지 말고 표현해보라. 어떤 말도 없이 책을 표현하려면 상당한 시간이 걸린다. 그리고 시간이 지나도 우리는 이 책을 남에게 표현하고 이해시킬 수 없다.
　세상에 분별이 사라지고 그 분별의 도구인 언어가 없을 때, 세상은 '그냥 그것'으로만 존재한다. 그냥 그것인 눈앞에 무언가가 책으로 인식되는 것은 우리가 그렇게 언어로 판단하기 때문이다. 우리의 판단과 해석이 눈앞에 그 무엇을 책으로 인식하게 만든다. 그것이 다다. 즉 세상은 우리의 인식이다. 우리의 판단이 세상이지, 그 해석이 없으면 세상은 '그냥 그것'밖에 없는 것이다. 그 판단과 해석을 '마음의 인식'이라고 한다. 우리의 인식이 세상을 그렇게 만들고 있다.

인식이 존재를 부르며, 관찰이 물질을 만든다. 내 마음이 세상을 해석하고 판단해, '그냥 그것'인 세상을 '이런저런' 세상으로 보이게 하는 것이다. 결국 세상은 해석이고 판단이고 인식이다. 그래서 가난한 삶이란 없는 것이다. 삶에 대한 해석이 가난할 뿐이다.

신이 존재한다면, 그건 이미 우리의 마음속에 있다. 우리의 식이, 우리의 의식이, 무의식이 창조의 근원이 되고 있다. 그래서 일체유심조인 것이다. 신은 종교시설에 있는 것이 아니다. 신은 이미 우리의 내면에 존재한다. 그리고 그 내면이 세상을 만들고 있기에, 신은 세상에 깃들어 있다. 그리고 그것이 내 마음이라면, 세상은 내 마음인 것이다. 믿기 어려운가? 하지만 언젠가 알게 될 것이다. 지금 눈앞의 이 세상이, 사실은 내 마음속 공간임을 알게 될 것이다. 그것이 일체유심조의 진리이며, 관찰자 효과의 결론이며, 세상을 즐겁고 가볍게 살 수 있는 최고의 깨달음이다. 이것은 사실이 아니다. 이

것은 사실이 아닌 진실이며, 진실을 넘어서는 진리다. 세상은 내 마음의 해석이고, 마음 그 자체다. 그것이 우리 마음이고 우리는 그런 존재다.

우리는 세상에 존재하는 작은 구성원이 아니다. 장기판에 돌아다니는 차포마상 같은 세상의 부속품이 아니다. 여러분은 장기 알이 아니다. 우리는 장기판 그 자체이며, 그 판을 만들고, 깔아주고, 변화시키는 존재다. 바로 여러분이다. 그것이 여러분의 자존감인 '자기 존재에 대한 감각'이다. 여러분이 세상을 만들고 있다. 그래서 여러분이 신이다. 그것이 당신이다. 신의 또 다른 이름을 기억하는가? 신은 '식'이고, '의식'이고, '무의식'이고 '알아차림'이고, '창조의 근원'인, '그건 바로 너야'.

3   세상을
내 편으로 만드는 법

"세상은 왜 이렇게 불공평할까요? 누구는 쉽게 좋은 대학, 좋은 회사에 들어가는데 저는 원하는 대학도 못 들어갔고, 취업도 번번이 실패합니다. 선업을 쌓으면 복을 받고 악업을 지으면 벌을 받는다고 하셨는데, 제겐 왜 복은 없고 벌만 가득한 걸까요? 노력하면 결과가 따라올 거라는 희망마저 무너집니다. 대체 왜 제 노력은 결실을 맺지 않는 걸까요?"

어떤 사람이 이렇게 괴로움을 토로해왔다. 아마 비슷하게 느끼는 사람이 많을 것이다. 이 질문에 대한 답은 간단하다.

노력은 결과를 만들지 않는다.

원인이 반드시 결과를 만드는 것은 아니다. 하지만 결과가 있다면 반드시 그에 해당하는 원인이 존재한다. 우리는 인과의 세상을 사는 게 아니기 때문이다. 우리는 인과가 아닌 인연의 세상에 살고 있다. 이게 무슨 말일까?

'인과(因果)'라는 말은 흔히 '원인과 결과'를 뜻한다고 생각하지만 불교에서는 '인연과보(因緣果報)'라는 개념으로 본다. 즉 원인(因)과 결과(果) 사이에는 반드시 '연(緣)'이라는 조건이 필요하다는 말이다.

원인의 '인'은 씨앗이다. 생각의 씨앗, 말의 씨앗, 행동의 씨앗이 '인'이다. 우리는 이 원인에 해당하는 '인'의 씨앗을 세상에 뿌리고 있다. 그리고 그곳에 토양과 온도, 강수량이 받쳐주면 씨앗은 열매가 된다. 이 열매가 '과'다. 그래서 '인'과 '과' 사이에는 적절한 조건과 환경이라는 '연'이 필요하다. 이 '연'이 세상이다. 아무리 좋은 씨앗을 뿌리더라도 세상이 받쳐주지 않으면, 즉 땅이 안 좋거나, 해가 뜨지 않거나, 비가 내리지 않으면 씨앗은 열매로 바뀌지 않는다. 인의 씨앗과 연의 밭이 만나야 인연이라는 열매를 맺는다. 그리고 그 열매는 우리에게 복이 될 수도, 벌이 될 수도 있다. 그것이 '보(報)'다. 열매를 팔아서 큰돈을 벌 수도 있고, 그로 인해 동업자와 다툼이 생겨 법정 싸움으로 갈 수도 있다. 결과에 대한 보답은 알 수 없다. 그래서 인생은 새옹지마(塞翁之馬)이고 전화위복

(轉禍爲福)이다.

내가 아무리 노력하고 그만큼 성장하더라도 원하는 결과를 늘 얻을 수 있는 게 아니다. 인은 내가 만들지만, 연은 세상이 만들기 때문이다. 생각과 계획은 내가 하지만, 결과는 세상이 만드는 이유다. 그럼 어떻게 해야 할까? 세상을 내 편으로 만들어야 한다. 내가 세상을 사랑할 때, 세상도 나를 사랑하게 된다.

세상을 내 편으로 만드는 방법은 이렇다. 세상이 주는 선물에 감사하고, 그만큼의 선물을 세상에 돌려주는 것. 그것이 곧 기부와 봉사, 나눔과 베풂이다. 이는 단지 세상을 위한 나의 선물이 아니다. 나를 위한 나의 선물이다. 이 이기적 이타심이 무주상보시(無住相布施)의 시작이다. 나눔이 습관이 되면 자신도 모르게 행하게 된다. 그러다 보면 알게 된다. 습관이 된 나눔은 내 인생 최고의 투자가 되어 있다. 은행 잔고는 금리로 쌓이지만, 세상 잔고는 복리로 쌓이기 때문이다. 세상에 주는 선물이 많을수록 그 선물이 '연'의 밭을 비옥하게 만들게 된다.

선업을 쌓으면 복을 받고, 악업을 지으면 벌을 받는다. 불교에서 말하는 업보의 진리다. 우리는 우리가 지은 업(業)에서 절대로 벗어날 수가 없다. 반드시 그 업에 해당하는 결과가 나에게 찾아온다. 하지만 그 결과는 내가 원하는 결과가 아니다. 세상이 원하는 결과다. 그러니 우리는 그냥 즐겁고 가볍게 인의 씨앗을 뿌리면 된다. 그리고 세상의 밭을 가꾸며 하루하루 살아가면 그만이다. 세상의 선물을 소중히 받고 즐겁게 살자. 세상의 선물을 거부할 때, 세상은 더 이상 나에게 선물을 보내지 않을 것이고, 나 또한 세상을 사랑하지 않을 것이다. 그렇게 연의 밭은 망가지게 된다.

노력은 결과로 이어지지 않는다. 노력은 내가 원하는 결과가 아닌 세상이 원하는 결과로 이어진다. 그리고 그 결과를 내가 받아들이고 거부하지 않을 때, 세상은 또 다른 결과를 선물로 줄 것이다. 내가 원하는 결과가 나오면 좋을 거라는 착각, 원치 않는 결과가 나오면 좋지 않다는 망상에서 벗어나야 한다. 시험에 떨어졌다고, 취직에 실패했다고 너무 낙담 마라. 모를 일이다. 다시 펜을 쥐고, 충실히 준비하라.

원인은 결과를 만들지 않는다. 하지만 결과엔 반드시 원인이 있다. 씨앗이 열매를 만들지 못해도, 열매는 씨앗 없이 탄생하지 않는다. 다시 시작해보자. 콩 심은 데 콩 나고, 팥 심은 데 팥 나는 게 아니다. 여러분이 뿌린 콩과 팥은 사과와 수박이 될 수 있다. 우리 생각대로, 우리 심은 대로 열매가 맺는 게 아니다. 세상이 그 열매를 결정한다. 나는 그 밭을 가꾸고 있다. 사과가 자라고 수박도 익는 비옥한 땅으로 만들고 있다. 나는 그렇게 산다.

> 인을 뿌리고, 연을 가꾸고, 과를 허용하고,
> 보에 집착하지 않는다.

이게 인연과보의 삶이다. 여러분도 그렇게 살았으면 좋겠다. 그때 알게 된다. 원인이 결과를 만들지 않는다. 인연이 결과로 드러난다.

4 각막의 역할

커피 한 잔이 있다. "이건 무슨 색일까요?"라고 물으면 여러분은 "그야, 커피색이죠"라고 쉽게 답할 것이다. 그러나 "그 커피색을 표현해보세요"라고 다시 묻는다면 그 답은 쉽지 않다. 커피색은 사람마다 다르게 펼쳐지기 때문이다.

우리는 각자의 눈으로 세상을 바라본다. 눈앞의 커피도 자신의 눈을 통해, 각막을 거쳐 다르게 들어온다. 그 각막의 프리즘을 통해서 우리는 서로 다른 커피색을 경험한다. 프리즘의 굴절 정도가 다르기 때문이다. 나의 커피색이 여러분의 커피색과 똑같지 않은 이유다. 우리는 서로 다른 세상을 보고 있다. 색이 다르고, 형태가 다르고, 모양도 같지 않다. 이름만 같을 뿐이다.

같은 이름이 같은 세상을 만든다. 그리고 같은 세상이라는 착각 속에서 우리는 살고 있다. 누구는 빛의 색을 노란색이라고 말하고, 누구는 빛의 색을 주황색이라고 말한다. 하지만 우리의 프리즘을 제거하면, 빛은 그냥 포톤, 광자로 존재할 뿐이다. 그 광자의 입자는 우리의 관찰이 사라지면 파동으로 존재한다. 양자역학의 관찰자 효과다. 세상은 파동으로 존재하는 에너지 집합체일 뿐이다. 파동이 만드는 에너지장 속에서 우리는 살고 있다. 그 파동이 우리의 각막 프리즘을 통해 망막에 전해지고, 그 에너지가 전기 신호로 바뀌어 뇌에 전달된다. 그리고 자신이 보는 커피의 형태와 색을 만든다. 파동의 세상이 입자의 세상으로 바뀐다. 우리의 인식이 그렇게 하고 있다. 입자처럼 보이는 에너지 상태, 그 홀로그램을 현실이라 생각하며 우리는 살아간다. 세상이 거대한 영화 스크린인 이유다.

그 스크린을 비추는 에너지, 우리의 각막을 통해 들어오는 에너지를 통해서 영화 같은 현실을 경험하는 거다. 그 에너지가 무엇일까? 세상을 만드는 근원적 본질. 그 에너지의 정체가 바로 우리의 의식이다. 우리의 의식이 세상을 비추어 드러내고 있다. 더 정확히는 의식을 통한 인식이 존재를 부르고 있다. 에너지의 세상을 눈에 보이는 세상으로 만들고 있다. 그것이 각막의 역할이다.

세상은 인식된 것이다. 우리는 눈에 보이는 것을 보는 게 아니다. 우리는 그렇게 인식된 것을 보고 있다. 눈에 보이는 것은, 사실 보이지 않는 에너지장일 뿐이다. 그 파동을 나의 인식의 틀을 통해 커피로 해석한다. 그렇게 판단하고 커피라 분별한다. 그렇게 세상을 필터링하는 '생각의 막'이 바로 각막이다. 그래서 각막은 우리의 관점이 된다. 이 관점을 통해 세상은 인식되고, 판단되고, 그렇게 펼쳐진다.

내가 그렇게 해석하기에, 따뜻한 커피가 존재한다. 나의 인식이 커피의 향을 만들고, 나의 판단이 뜨거운 커피를 펼쳐낸다. 그 인식이 없다면 커피는 존재하지 않는다. 마치 허공에 돌아다니는 라디오 주파수처럼, 에너지 파동으로만 존재한다. 그 주파수를 라디오가 인식할 때 우리가 들을 수 있듯이, 우리의 의식이 인식을 통해 따뜻한 커피를 보이게 한다. 그것이 인식의 힘이고, 의식의 역할이다.

그래서 의식의 막, 각막에는 마음의 힘이 들어간다. 우리 마음이 감사로 물들면, 감사의 막으로 세상을 인식한다. 내면이 풍요로 채워지면, 풍족한 현실을 인식하게 된다. 그 마음이 만드는 각막의 변화, 관점의 변화가 그대로 현실로 이어지는 것이다. 그래서 각막은 몸의 장기가 아니다. 각막은 마음의 장기다. 각막에 혈관이 없는 이유다.

우리 몸은 혈관이 막히면 살아남지 못한다. 심장이 막히면 심근 경색이 오고, 뇌혈관이 막히면 뇌졸중이 생긴다. 진피 혈관이 막히면 피부 괴사가 오고, 폐동맥이 막혀 한쪽 폐를 잃는 경우도 있다. 이들은 모두 몸의 장기다. 그래서 그들은 혈관에 기대어 산다. 하지만 각막은 다르다. 혈관을 통해 영양분과 산소를 공급받지 않는다. 각막이 몸에 종속된 장기가 아닌 이유다. 각막은 몸의 장기가 아니다. 몸을 창조하는 마음의 장기다.

미래를 인식할 때, 그 미래가 원인이 되어 현재를 만든다. 우리의 미래는 보이지 않는 가능태로 내 마음에 존재하고 있다. 그 미래의 가능태(원인)를 눈에 보이는 지금의 현실태(결과)로 만들어주는 것, 그것이 인식의 힘이다. 내 미래를 인식하고, 그 미래 속에서 오늘을 즐겁게 보내는 것. 론다 번이 말한 '시크릿'은 이 원리에 대한 '공식'을 말한 것뿐이다. 그래서 지금 우리가 해야 할 일은 하나다. 미래의 에너지를 나의 주파수에 맞추는 것이다.

그 에너지가 존재하는 곳, 그곳이 바로 우리의 의식이다. 내 마음을 가꾸고, 그 마음이 펼쳐내는 미래를 나와 정렬하는 것, 그것이 미래와 지금의 과정이 이어짐을 아는 앎이다. 내가 원하는 미래를 위해, '지금 여기서, 필요한 것을, 필요한 만큼, 최선을 다해, 행하는 것', 그 관점을 지니는 것이 미래를 살며 오늘을 보내는 방법이다. 그것이 우리(자아, 에고)의 역할이다.

관점의 변화가 세상의 변화를 이끈다. 세상이 바뀔 때, 나의 관점이 바뀌는 게 아니다. 내 관점이 변하면 이미 세상은 변해 있다. 인식이 존재를 부르고, 그 인식의 막인 각막이 바뀔 때, 나의 세상은 이미 그렇게 펼쳐져 있다. 여러분은 어떤 각막을 가지고 있는가?

비 내린 오후의 퇴근길, 올림픽대로를 달리고 있다. 빽빽이 막힌 도로 위, 저 멀리서 꿈을 꾸듯 무지개가 펼쳐져 있다. 세상의 프리즘이 나에게 주는 선물이다. 세상의 프리즘이 무지개를 만들 듯, 나의 프리즘이 나의 현실을 만들고 있다. 그 프리즘을 행복으로, 감사로, 풍요로, 긍정으로 채워보자. 그것이 우리가 해야 할 지구별 여행의 가장 위대한 작업이다. 스스로 만드는 행복의 각막이식이다.

5   미래를 끌어당기는 단 하나의 법칙

"시간은 과거, 현재, 미래로 흐르는 게 아니다.
시간은 미래, 현재, 과거로 펼쳐지는 것이다."

얼마 전 한 유튜브 채널의 인터뷰에서 한 이야기다. 사실 '시간'에 대해 우리가 알고 있는 것은 많지 않다. 수많은 과학자, 물리학자조차 시간에 대한 정의를 쉽게 내리지 못한다. 보이지 않는 것을 보이는 형태로 규정하는 건 쉽지 않다. 시간도 마찬가지다.

시간(時間)은 단어 그대로 시와 시의 간격, 즉 시점과 시점의 사이를 이야기한다. 과거와 현재, 현재와 미래, 과거와 미래라는 두 시점의 간격을 시간이라고 말한다. 그래서 시간을 정의하려면 두 개의 시점이 필요하다. 지금 이 시점과 또 하나의 시점이다. 그 시점의 간격이 시간이다. 동의하는가? 그런데 이 말이 맞다면 우리는 시간을 경험할 수 없다. 우리는 두 개의 시점을 동시에 경험할 수 없기 때문이다. 우리는 지금이라는, 찰나에 나타났다가 찰나에 사라지는 하나의 시점만을 경험한다. 과거라는 시점은 없다. 현시점에 존재하는 과거라는 기억이 있을 뿐이다.

과거가 연결되어 현재가 나타나는 것이 아니다. 우리는 매 순간, 변화하는 현재 속에 존재할 뿐이다. 예를 들어, 나는 지금 책상에 앉아서 글을 쓰고 있다. 1분 전에는 어땠을까? 1분 전에도 나는 글을 쓰고 있었다(~는 기억이 있을 뿐이다). 우리는 흔히 1분 전에 글을 쓰던 모습이 연결되어 현재 글을 쓰는 '지금'을 만들고 있다고 생각한다. 하지만 그렇지 않다. 과거라 불리는 기억, 그 기억이 연결되어 지금을 만드는 게 아니라, 그 기억이 지금 여기에 있을 뿐이다. 과거가 연결되어 현재가 나타난 것이 아니다. 매 순간 새로운 시점이 바뀌면서 펼쳐지고 있다. 달라지는 것은 단지, 그 시점에서 우리가 가지고 있는 기억뿐이다.

과거라고 착각하는 왜곡된 기억이 현시점에 계속해서 나타날 뿐, 우리는 과거의 순간을 경험한 적이 없다. 휴대폰에 저장된 사진과 영상도 마찬가지다. 우리는 그것이 나의 과거라 생각하지만, 그 이미지는 나와 무관하다. 나라는 착각만이 존재한다. 우리의 생각이 그렇다고 세뇌할 뿐이다. 돌사진 속 아기가 나라고 착각하는 것도 같은 원리다. 어제의 태양은 오늘의 태양과 다르다. 이름만 같을 뿐, 둘은 전혀 다른 존재다. 비슷한 것과 같은 것의 차이를 알아야 한다. 나는 어제의 하영이와 비슷해 보이고 같은 이름을 가졌지만, 다른 존재다.

나는 늘 지금에 머물러 있되, 항상 달라져 있다. 몸도 다르고, 생각, 감정, 느낌도 다르고, 마음가짐도 다르다. 다만 이 물질 세상, 눈에 보이는 세상을 살아가기에 연결되어 있다는 느낌으로 사는 게 편하고, 그렇게 교육을 받았을 뿐이다. 하지만 진실은 그렇지 않다. 우리는 '항상'하지 않는다. 우리는 늘 '변화'하고 있다. 그리고 그 변화는 시간에 따라, 과거, 현재, 미래로 바뀌는 게 아니다. 우리는 단 한 번도 '지금 여기'에서 벗어난 적이 없다.

우리는 영원히 '지금 여기'에 살고 있다. 늘 여기에 머무른 채, 나와 세상의 이미지만 바뀌고 있다. 시계의 초침이 돌면서 시간이 가는 게 아니라, 가만히 있는 초침을 둘러싼 시계 판이 돌고 있다. 그것이 세상이고, 그것이 진실이다. 우리는 지금 여기서 단 한 발짝도 벗어난 적이 없다. 지금이라는 찰나의 이미지만 바뀔 뿐이다.

나는 앞을 향해 걸어가지만, 사실은 내가 걷고 있는 것이 아니다. 내가 발을 내딛는 이미지 속에서 세상이 나에게 다가오고 있다. 그렇게 인생 영화의 필름이 돌아가고 있다. 그 필름은 지금 여기만을 방영하며 찰나에 나타났다가 우리에게 인식되는 순간 찰나에 사라진다. 찰나생멸(刹那生滅)하는 씬이 '지금 여기'를 늘 방영하고 있다. 촬영 시점(과거)은 없다. 방영 시점(현재)만 있다. 그것이 시간의 진실이다. 그래서 시간은 없는 것이다. 시점의 이미지만 바뀌고 있을 뿐이다. 그 시점만이 존재하며, 그 시점이 미래라는 상상의 가능태에서 내려오고 있다.

현재는 미래 이미지의 잔상이다. 그 잔상이 현재로 인식되는 순간, 현재는 기억의 형태로 지금 여기에 남아 있을 뿐이다. 곧 펼쳐질 미래의 이미지와, 미래의 잔상인 현재, 그리고 그 기억이라는 과거 이미지가 지금 여기에 있다. 즉 미래, 현재, 과거는 '지금 여기'에 수렴되어 있다. 그래서 아인슈타인이 말했다. "과거, 현재, 미래는 없다."

과거, 현재, 미래라는 생각만이 지금 여기에 있을 뿐이다.

시간은 없다. 하지만 시간의 착각 속에서 살아간다면(그것이 편하다면), 시간은 미래에서 펼쳐진다. 미래의 이미지가 현재의 이미지로 펼쳐지고, 그 이미지는 과거로 흘러가 기억의 형태로 남는다. 그래서 미래는 현재의 원인이 된다.

우리의 상식과는 어긋나는 이야기다. 우리는 1분 전의 글을 쓰던 하영이가 지금의 하영이를 만들었고, 앞으로의 하영이도 만든다고 생각한다. 과거가 원인이고, 현재가 과정이며, 미래가 결과다. 그러나 시간이 과거에서 흘러가는 게 아니라 미래에서 펼쳐진다는 것을 안다면 그 역할이 뒤바뀐다. 미래가 원인이고, 현재는 미래의 결과인 거다. 론다 번이 말한 '시크릿'의 원리다. 간절히 미래를 원할 때, 그것이 곧 현재에 나타날 것이라는 '끌어당김의 법칙'은 시간의 원리를 이해할 때 받아들일 수 있다. 즉, 미래가 원인이다.

하지만 언젠가 시간의 환상에서 벗어난다면 시간은 흘러가는 것도 펼쳐지는 것도 아닌, 시점만이 변하는 것임을 알게 될 것이다. 시간에 대한 2차원의 시선이 생길 때다. 1차원의 시선에서는 시간은 흘러가거나 펼쳐지는 것으로밖에 이해할 수 없다. 선의 세상에서는 점의 변화밖에 볼 수 없기 때문이다. 그러나 여러분의 시선이 높아져 시간에 대한 2차원의 시선이 생길 때, 즉 면의 세상에서 살아갈 때, 시간의 연결성이 보일 것이다. 과거, 현재, 미래의 연결, 그 연결성을 통찰하는 눈이 생길 때, 시간은 '인과 관계'가 아닌 시점의 '인연 관계'로 보게 될 것이다. 그때 현재와 미래는 원인과 결과 혹은 결과와 원인이 아닌, 서로가 서로를 필요로 하는 인연 관계임을 알게 된다.

그런데 왜 우리가 시간의 연결성을 알아야 할까? 그러면 사는 게 편해지기 때문이다. 시간의 진실을 알 때, 지금의 힘든 과정을 즐길 수 있는 힘이 생긴다. '어차피 잘될 것이라는 앎'이 생길 때, 지금의 노력은 미래를 위해 꼭 필요한 과정임을 깨닫게 된다. 스무 살에 고시원에서 공부하던 하영이가 즐겁게 재수 생활을 했던 이유다. 그때 나는 알고 있었다. 지금의 힘든 과정과 미래의 풍족한 생활이 하나로 연결되어 있음을. 그것이 시간에 대한 앎이었다. 시간은 흘러가고, 펼쳐지는 인과의 대상이 아니었다. 시간은 서로를 필요로 하는 시점의 인연 관계였다. 여러분도 알았으면 좋겠다. 머리로 이해하는 것이 아닌, 마음의 앎으로 자리 잡았으면 좋겠다. 그때 비로소 여러분이 원하는 모든 것을 허용하게 된다. 그것이 원하는 미래를 끌어당기는 단 하나의 법칙이다. 현재와 미래의 인연 관계, 그것이 바로 시크릿이다.

6 나와 세상을 연결하는 알아차림

어느 강연장에서 이런 질문을 받았다.

"작가님은 늘 알아차림을 강조하시는데, 그것이 무엇인지 감이 잘 오지 않습니다. 뭘 알아차리라는 것인지 좀 쉽게 설명해주세요."

나는 웃으며 대답했다.

"지금 하고 계세요."

알아차림은 내가 뭔가를 알아차려야 한다는 집착에서 벗어날 때 생긴다. '알아차려야 한다'라는 생각이 머리를 채우면, 알아차림은 마음에서 사라진다. 그러나 '내가 잘 알아차리지 못하는구나'라는 알아차림이 이런 질문을 만들고 있음을 알면, 그는 알아차림의 주체가 된다. 그것이 지혜의 시작이다.

생각은 해석을 전제한다. 그 해석을 통한 판단이 우리의 생각이고, 그 도구는 바로 '기준'이다. 우리에게 기준이 없다면 분별은 사라지고 생각은 존재하지 않는다. 마치 0과 1의 이진법으로 컴퓨터가 돌아가듯, 좋고 나쁨, 유리와 불리, 긍정과 부정, 옳고 그름에 대한 기준이 없다면 세상은 해석되지 않는다. 해석과 판단은 기준을 통해 이루어지고, 그 판단에 정당성을 부여하는 것이 우리의 생각, '나'라는 자아다.

그래서 자아는 늘 기준을 필요로 한다. 기준이 없다면 생각은 유지될 수 없다. 나는 육상 선수보다는 잘 달리지 못하지만, 80대 노인보다는 빠르다. 나는 빠른가? 느린가? '누구보다'라는 기준이 없다면 나는 빠르지도 느리지도 않다. 그러면 생각의 스토리는 만들어지지 않는다. 이야기 속에는 '빠른 나', '느린 나'가 존재해야 한다. '그냥 나'는 이야기가 될 수 없다. 그건 '그냥 그것'으로 있을 뿐이다. 바로 알아차림이다. 기준이 없어지고 분별이 사라질 때 생각은 흘러가고 알아차림만 남는다.

지금, 눈을 감고 주변에 있던 다섯 가지를 떠올려보라. 10초 뒤 눈을 뜨고 주변을 자세히 살펴보자. 무엇을 떠올렸는가? 형광등이 보이고 의자가 있다. 의자 옆 책상이 있고 그 위에 읽던 책도 놓여 있다. 그럼 다시 물어본다. 그중에서 가장 큰 것은 무엇일까? 각자가 생각한 것을 이야기했을 것이다. 하지만 그 속에 정답은 없다.

정답은 '공간'이다. 눈앞에 텅 빈 공간이 그 모든 것들을 담고 있다. 그리고 그 공간이 모든 것을 분리하고 있다, 대상과 대상 사이에는 공간이 있다. 그 공간이 서로가 서로에게 독립된 대상으로 존재하게 한다. 공간이 경계를 만들기 때문이다. 공간이 없다면 그 모든 것들은 연결되어 있다.

의자를 의자로, 테이블을 테이블로, 여러분과 나를 서로 다른 대상으로 만들어 주는 역할을 이 공간이 하고 있다. 대상을 '대상'으로 존재하게 하는, 즉 그 의미를 부여하는 대상의 '주체' 역할을 공간이 한다. 그래서 공간은 알아차림을 닮았다.

생각의 바탕에는 마음이 있다. 마음이 생각을 떠오르게 한다. 그리고 그 마음의 본질은 알아차림이다. 세상을 알아차리고 나를 알아차리는 역할은 바로 우리의 마음이다. 그런데 우리는 이 마음을 잘 알아차리지 못한다. 생각에 빠져 그 생각이 '나'라고 착각하며 살고 있다. 그건 마치 세상을 볼 때, 대상을 보면서 공간을 보지 못하는 것과 비슷하다. 세상을 구별하고 분별시켜 인식의 대상으로 존재하게 하는 공간을, 그 마음의 모습을 우리는 망각한다.

공간을 바라보고 그 공간의 존재를 이해할 때, 우리는 세상의 연결성을 알게 된다. 세상 만물은 이 공간으로 연결되어 있다. 눈앞에 의자와 책상은 공간으로 연결되어 있다. 의자의 전자구름과 책상의 전자구름 사이에 공간의 전자구름이 있다. 그리고 그들은 서로 엉켜있다. 만물은 원자로 구성되어 있고, 그 원자의 전자구름은 경계 없이 확률적으로만 분포하기 때문이다. 세상은 그 전자의 구름으로 연결되어 있다. 그것이 나와 세상의 관계다. 나는 세상과 연결되어 있다. 그리고 그 연결성은 공간이라는 알아차림 속에서 가능해진다. 이 공간 속에 각각의 대상이 등장한다.

마음 공간 속에 생각의 분별이 존재한다. 우리가 좋아하는 돈, 좋은 차, 좋은 집은 생각이 만든 스토리다. 그리고 그 이야기의 소재는 이 마음 공간 속의 대상으로 존재한다. 그리고 그들은 이 공간과 연결되어 있다. 우리의 현실을 바꾸는 힘이 마음 공간에 있는 이유다.

마음이 현실을 바꾼다는 것은 단순히 정신승리를 위한 말이 아니다. 세상 만물의 모든 것을 연결하는 힘을 이야기한다. 그 공간을 우리 마음의 알아차림을 통해 변화시킬 수 있다. 세상을 바라보고 나를 바라보며 '내가 이런 상태에 있구나'라는 알아차림 속에 그것을 변화시키는 힘은 여기에 있다.

그래서 우리의 마음은 세상을 지켜보고, 그것을 창조하며, 그 창조를 변화시킨다. 이 진리를 머리가 아닌 몸으로 경험하고, 몸으로의 경험이 마음에 각인될 때, 우리의 마음은 공간을 통해 세상을 변화시키게 된다. 그것이 알아차림의 본질이고, 그것이 알아차림의 힘이다. 그리고 그것이 바로 우리다. 우리는 그런 존재다.

7 익숙한 일상도
낯선 여행처럼

　나는 여행지에서의 조식을 좋아한다. 아침에 일어나 호텔 1층 레스토랑으로 향한다. 전 세계 다양한 인종과 연령대의 사람들이 저마다 기분 좋은 얼굴을 하고 식사를 즐기고 있다. '아, 나 여행 왔구나'라고 실감하는 찰나, 여행의 즐거움이 한층 더 커진다. 조식이 단순한 식사가 아니라 여행의 일부로 다가오는 순간이다.

　나는 오믈렛과 베이컨, 모닝빵과 과일을 기본으로 챙긴다. 그리고 꼭 한 가지, 그 지역에서만 맛볼 수 있는 독특한 음식을 추가한다. 익숙한 재료지만 예상과 다른 맛, 기대를 뛰어넘는 낯선 조합을 즐긴다. 때로는 낯설어 다 먹지 못할 때도 있지만, 어떤 음식은 의외의 맛에 다음 날 또 찾기도 한다.

우리가 여행을 좋아하는 이유는 여러 가지다. 그중 하나는 바로 이 낯섦에 대한 경험이다. 같은 재료라도 여행지에서는 익숙하지 않은 맛으로 다가온다. 낯섦의 맛이다. 익숙한 재료의 익숙하지 않은 레시피는 우리에게 '처음처럼'의 느낌을 준다. 이 낯섦이 감탄이 되고, 처음 맛본 요리는 감동이 되고, 여행을 준비한 친구에겐 감사하게 된다. 여행은 말하자면 익숙함의 여집합이다. '여'집합인 '행'동이 '여행'인 거다. 그래서 우리는 여행을 한다. 처음이 주는 신선함이 즐겁기 때문이다.

우리의 인생이 어려운 이유도 여러 가지다. 그중 하나는 모름에 대한 불안감이다. 미래가 불안한 이유는 미래를 모르기 때문이다. 알고 있는 과거는 불안하지 않다. 우리의 의식은 인식을 본질로 하고 있고, 인식의 전제는 '알고 있음'이다. 그 알고 있다는 느낌이 사라질 때, 즉 모름이 찾아올 때, 우리는 불안해진다. 그래서 처음 본 사람을 어려워하고, 초행길을 불안해한다. 안 해본 일이 두렵고, 처음 하는 일은 하기가 싫어진다. 우리에겐 많이 해본 것, 익숙한 것, 자주 본 것이 편하다. 우리의 본성이다. 그러나 단 하나, 여행만은 예외다.

우리는 이미 가본 여행지를 좋아하지 않는다. 작년에 갔던 여행지를 올해 또다시 가지 않는다. 같은 나라라 하더라도 가봤던 곳보다 새로운 곳을 찾는다. 여행은 새로운 곳, 가보지 않은 곳, 처음 가는 곳을 선호한다. 그 낯섦과 새로움을 경험하고 싶어서다. 일상에서 느끼는 '처음처럼'의 불편함이 여행지에선 전혀 다른 즐거움으로 다가온다. 그래서 우리는 여행을 한다.

    나는 삶을 여행처럼 보낸다. 일상의 낯섦을 즐기며 지내고 있다. 오늘을 낯설게 느끼고, 새롭게 여행하는 하루를 맞이한다. 여행지의 조식을 상상하며 아침을 시작한다. 그러면 알게 된다. 오늘의 익숙한 일상은 즐거운 여정이 되고, 늘 하던 진료실의 모습은 처음 쓰는 단어와 새로운 상담으로 채워진다. 그렇게 즐거움으로 과정을 채울 때, 결과의 모습도 즐거워진다. 결과와 과정은 서로 연결되기 때문이다.
    내가 싫어하는 문구가 있다. '인내는 쓰고 열매는 달다'라는 말이다. 좋아하지 않는 사자성어도 있다. '고진감래(苦盡甘來)'다. 이런 말들에 우리는 세뇌되어왔다. 그래서 오늘은 힘든 것이고, 내일은 좋은 것이다. 현실은 희생하는 것이고, 미래는 행복한 것이다. 과정은 쓴 것이고, 결과는 단 것이다. 우리는 그렇게 교육받았고, 그렇게 살고 있다. 하지만 진실은 반대다.
    과정이 즐거워야 결과가 즐겁다. 오늘이 달콤해야 내일도 달콤하다. 즐거움을 모르면 미래의 행복도 알 수 없다. 과정이 즐거워야 결과가 즐겁다. 오늘이 행복해야 미래도 행복하다.

함부로 열심히 살지 말라는 이유다. '열심히'는 내일을 위해 오늘을 희생하는 모습이다. 열심히 여행하는 사람은 없다. '즐겁게'는 내일의 즐거움과 함께하는 오늘의 모습이다. 즐겁게 여행해야 추억이 남는 것이다. 그 추억은 일상으로 돌아온 내일의 원동력이 된다. 즐거운 인생의 좋은 재료가 되는 것이다.

삶은 여행이다. 100년의 지구별 여행이 우리의 인생이다. 그 여행 속에서 오늘을, 하루를, 과정을 채워가며 살고 있다. 열심히 대신 즐겁게, 게으름 대신 충실히 여행을 즐기면 그만이다. 삶은 스토리고, 그 이야기가 우리의 추억이다. 우리의 인생이 짧게 느껴지는 이유는 이 추억이 많지 않아서다.

열심히 여행할 때 남는 건 사진밖에 없다. 사진은 기억이고 스토리는 추억이다. 추억이 없는 기억은 금방 휘발된다. 삶이 짧아지는 이유다. 게으르게 여행하면 남는 건 아쉬움이다. 그 아쉬움 속에서 늘 즐거운 여행을 망상하며 시간을 보낸다. 사진마저 없는 한심한 삶이다. 그것이 우리의 삶의 모습이다. 열심히 혹은 게으르게. 이제 그러지 말자. 열심히 대신 즐겁게, 게으르게 대신 충실히 오늘을 보내자. '개처럼 즐겁고 소처럼 충실한.' 그것이 여행자의 삶이다.

'개즐소충'하며 오늘을 살아갈 때, 우리는 처음의 느낌으로 '하루'를 여행할 수 있다. 그 즐거운 여행의 과정이 행복한 미래와 이어진다. 인내는 쓰고 열매는 달지만, 여행은 즐겁고 추억은 행복한 거다. 그 여행의 추억 속에서 오늘의 미소가 만들어진다. 그리고 그 미소 속에 이미 행복한 미래는 이어져 있다. 과정이 좋으면 결과도 좋다.

8 풍요로 채우고,
감사로 물들이다

"작가님 책은 어려운 내용인데 쉽게 읽혀요."

가끔 독자님과 지인들의 메일이 온다. 책을 잘 읽어주셔서 너무나 감사하다. 나는 미문을 쓰지 않는다. 독자의 미감을 자극하는 아름다운 문장이 많지 않다. 그래서 형용사나, 부사의 수식어가 많지 않다. 중문도 많지 않다. 내가 주로 쓰는 문장은 단문이며, 단 하나의 알맹이만 담으려고 한다. 그래서 쉽게 읽히는 것 같다. 쉽게 읽혀야 즐겁게 읽을 수 있다. 그리고 즐겁게 읽어야 독서는 습관이 된다. 나는 그렇게 쓰고 있고, 나도 그런 책을 좋아한다.

글에는 작가의 마음이 들어간다고 생각한다. 우리가 어떤 사건이나 상황에 대해 글을 쓸 때, 먼저 그것을 관찰한다. 바라보고, 판단하고, 해석하며 글을 쓴다. 일단 대상의 표면을 바라보고 글이나 문장으로 표현한다. 상황의 겉모습을 그려내거나, 사건의 개요를 육하원칙에 따라 써 내려간다. 하지만 그런 글은 심심하다. 맛이 없고, 밍밍하다. 누구나 주의 깊게 관찰하면 쓸 수 있는 내용이다.

하지만 깊은 글은 다르다. 그 글은 대상의 이면을 바라보며, 본질을 꿰뚫는 글이다. 그런 글에는 대상의 의미와 가치에 대한 해석이 들어간다. 표면과 이면을 동시에 바라보며 그것의 중심 가치를 알 수 있는 글은 깊이가 다르다. 맛과 풍미가 있다. 우리가 와인을 마실 때, 향만 맡아보고 가치를 따지지는 않는다. 향뿐 아니라 혀에서 느껴지는 맛, 입과 코와 목에 퍼지는 풍미, 이 모든 것이 와인의 가치에 영향을 미친다. 이를 통해 포도의 품종을 느껴보고 땅의 기운도 상상하며 와인을 즐기게 된다. 깊은 글은 좋은 와인과 같다.

그래서 좋은 글은 그 의미와 가치를 투영하는 작가의 마음이 들어간다. 나는 대상에 대한 내 마음을 적으려 글을 쓴다. 대상도 아닌, 그것이 지닌 의미와 가치도 아닌, 그것에 투영된 내 마음을 표현하려고 한다. 그것이 나의 글이자, 나의 책이고, 나의 말이자, 나의 일상이다. 나는 내 마음을 투영하며 세상을 살아가고 있다.

사실 여러분도 마찬가지다. 세상은 우리 마음의 표현, 무의식의 투영, 관념의 펼쳐짐이기 때문이다. 세상은 우리 마음이 표현된 것이다. 거꾸로 이야기하면, 눈앞에 보이는 이 모든 것들이 내 마음속 공간일 뿐이다. 마음이 만들어낸 생각의 이야기, 그 언어가 만든 스토리가 우리 눈앞에 펼쳐져 있다. 그 마음의 내용물, 관념이라 불리는 생각의 씨앗이 세상을 만들고 있다. 마음속 필름이 펼쳐져 우리 삶이라는 100년짜리 인생 영화를 만드는 거다.

글이 쉬운 이유는 하나다. 마음이 편안하기 때문이다. 마음이 편하기에 글이 쉬운 거고, 마음이 복잡할 때 글은 길어지고 어려워진다. 여러분의 마음은 어떠한가? 편안한가? 글이 쉬운가? 글이 간단한가? 중문, 장문, 형용사, 부사로 점철되어 있지 않은가?

어린 시절 우리가 행복했던 이유는 하나다. 말이 짧고 쉬웠다. 마음이 편하고, 삶이 간단했기 때문이다. 그건 외부의 삶이 편했기 때문이 아니다. 내 마음이 편안했기 때문이다. 그 마음이 나의 생각으로, 나의 행동으로, 나의 말로 펼쳐졌다. 지금 여러분의 마음은 어떠한가? 어떤 영화의 필름으로 삶을 펼쳐내고 있는가? 그 대본의 글은 어떤 문장과 어떤 단어로 채워져 있는가?

늘 세상을 바라보고 분별하며 살듯이, 내 마음도 돌아보고 관찰하며 살면 좋겠다. 그 마음이 단순하고 명료하게, 그리고 따뜻하고 편안했으면 좋겠다. 나는 그렇게 살고 있다. 여러분을 편안하고 단순하게 하는 문장은 무엇인가? 어떤 단어가 내 삶의 모토가 되면 좋겠는가? 나는 이미 정해놓았다.

나에게 가장 중요한 삶의 가치가 있다. 그것이 바로 '풍요'와 '감사'다. 나는 나의 내면을 이 두 단어로 채우고 있다. 나의 관념을 이 위대한 단어로 채색하고 있다. 내 무의식을 풍요로 채우고, 내면의 숲을 감사로 물들이는 것, 그것이 내가 이 지구별 여행을 하는 시간이고, 이유이며, 내 삶의 의미와 가치다.

감사와 풍요의 말이 담긴 문장. 나는 오늘도 그 문장을 찾으며 일상을 적분해나간다. 그 문장이 모여 감사로 채워질 나의 영화를 기대한다. 그리고 풍요와 함께하는 삶이 곧 나에게 드러남을 알고 있다. 그렇게 나는 살아왔고, 지금도 살고 있다. 우리 삶은 그렇게 펼쳐지고 드러난다. 이 앎을 여러분도 알았으면 좋겠다. 그리고 그 시간이 즐거웠으면 한다. 그 시간이 수행이고, 마음공부이며, 알아차림의 과정이다. 그것이 살아가는 즐거움이다.

9 뜻대로 하옵소서

 어릴 때, 남천성당을 다녔다. 나의 의지와 무관하게 천주교인이 되었고, '알퐁소'라는 세례명도 갖게 되었다. 초등학교 3학년 때는 성가대에 들었고, 중학생이 되어서는 주말학교를 다녔다. 고2 때까지 나는 열심히 성당을 다녔다. 그때 내가 가장 많이 했던 기도문은 '주여, 뜻대로 하옵소서'였다.

 대학생이 되자 술을 강요당했다. 선배들은 무조건 원샷을 요구했고, 소주 글라스는 동문의 상징처럼 여겨졌다. 늘 소주 글라스를 원샷하고 정신을 잃고 헤어졌다.

 처음 만날 때는 다들 멀쩡했다. 똑똑했고, 머리도 좋았고, 인성도 좋았다. 하지만 술만 먹으면 다들 이상한 사람이 되어, 이상한 말을 하고, 이상한 행동을 했다. 그때 알게 되었다.

술에 취한 사람은 자기 뜻대로 행동하지 않는다. 술의 뜻대로 행하고 있었다. 술에 내맡길 때, 술은 나의 주인이 되어 나를 이끈다. '주의 뜻대로 하옵소서'는 술 취한 우리에게 너무나 맞는 명제였다.

세상은 내 뜻대로 이루어지지 않는다. 세상은 세상 뜻대로 이루어진다. 그걸 가장 잘 느낄 때가 술 취했을 때다. 술 취한 사람이 말하는 게 아니다. 술이 말하고 있다. 술이 생각하고 행동하고 있다. 그것을 아는 게 성장이다. 주님의 뜻대로 되는 세상이란, 세상은 세상 뜻대로 펼쳐진다는 의미다. 그 세상을 내가 원하는 대로 이루려고 하고, 내가 원하는 대로 바꾸려고 하니 우리는 괴로운 것이다. 그 괴로움에서 벗어나는 길은 하나다. 세상을 세상의 뜻에 내맡기는 것이다.

술 취한 사람치고 괴로운 사람 없다. 하지만 그 술에서 깨어날 때 우리는 괴로워진다. 그러니 우리는 원하는 걸 하면서 세상은 세상에 맡겨두면 된다. 그리고 그 세상에 잘 보이면 된다. 그러면 세상은 우리의 수호천사가 된다. 세상에게 선물을 주자. 세상을 사랑하고 그를 존중해보자. 그 말이 이것이다.

'주여 뜻대로 하옵소서.'

내맡김은 팽개침이 아니다. 결과에 집착하지 않는 마음의 여유다. 오늘을 즐겁고 충실히 보내고, 결과는 세상에 맡기는 자세다. 인생의 주인으로 오늘을 살고, 결과는 의연하게 받겠다는 허용의 자세다. 팽개침은 반대다. 결과에 집착하고 좋지 않은 결과를 수용하지 않겠다는 욕심이다. 결과만 바라고 지금의 과정을 버리는 모습이다. 세상 뜻에 맡기는 게 아니라, 세상과 싸우는 모습이다. 그리고 결과가 좋지 않을 때, 그는 세상을 미워하고, 인생을 저주하며, 삶을 팽개치게 된다. 그때 세상은 그의 저승사자가 되어 늘 괴로움을 전달할 것이다. 성장은 내가 하는 것이 아니다. 세상이 나를 성장시켜준다.

10   의도의 힘

 《의도의 힘》은 내가 좋아하는 웨인 다이어 작가가 쓴 책이다. 2010년 강남에 첫 개원을 하고 힘든 시기에 나를 일으켜 준 책이기도 하다. 최근 재출간되어 많은 사람의 사랑을 받고 있다. 웨인 다이어는 세계적으로 존경받는 심리학자이자 자기계발 강사다. 그는 가난한 환경에서 자라며 보육원과 위탁가정을 전전했다. 하지만 그 속에서도 자신이 부자가 될 것을 알고, 그 믿음을 현실로 바꾸기 위해 남들이 하기 힘든 일을 도맡았다. 마음의 풍요는 기부와 봉사에 있음을 그도 알고 있었다. 그래서 그는 보육원에서 '가장 부유한' 아이로 불렸다.
 이 책은 우리 마음의 힘, 무의식의 에너지에 대해 다루고 있다. 작가가 말하는 의도의 힘이란 우리 마음의 힘을 이야기한다. 마음의 의도가 나의 의지와 연결이 되어 세상에 영향을 미치는 과정과 더불어 그 의도를 어떻게 가꿔야 하는지 설명하고 있다. 무의식의 정화와 관념의 재규정에 관한 이야기다. 책에는 이런 내용이 나온다.

> 보편적 정신과 관계를 맺고 이 창조 원리의 힘에 접근하는 법은, 당신이 원하는 환경에 둘러싸여 있다고 계속 생각하는 것이다. 이 개념을 마음속에 새겨두기를 권한다. 당신이 갈망하는 결과를 낳는, 무한한 최상위의 힘이라는 개념을 곱씹어보라. 이 힘이 우주를 창조한 힘이고, 뚜렷이 보이는 모든 것의 원인이다. 형태와 조건을 부여하는 이 힘을 신뢰함으로써 당신은 의도와의 관계를 정립하게 된다. 즉 당신이 이러한 의지를 실행하는 동안 의도는 연결을 허용한다.
>
> _웨인 다이어, 《의도의 힘》(빌리버튼) 중에서

글에 나오는 '보편적 정신', '창조 원리의 힘', '무한한 최상위의 힘', '우주를 창조한 힘', '모든 것의 근원'은 다 한 곳을 향하고 있다. 우리의 마음이다. 우리의 내면이자, 우리의 무의식이다. 그 '마음이 원하는 것'이 의도다. 내 무의식이 원하는 의도가, 내가 원하는 의지와 일치할 때 '당신이 갈망하는 결과'를 낳는 것이다. 이것이 허용이다. '당신이 원하는 환경에 둘러싸여 있다고 계속 생각하는 것'이다. 마음과 생각이 일치할 때, 즉 우리의 내면을 허용할 때, 우리는 우리가 원하는 것을 얻게 된다. 더 정확히는 마음이 원하는 것을 우리가 얻는 것이다. '내가 원하고 있다'는 생각은 이 마음이 만든 것이기에, '내가 원했다'라는 착각만 있을 뿐이다. 그래서 나의 의지란 없다. 마음의 의도가 의지로 표현될 뿐이다. 우리는 무의식의 좀비로 살아가지, 당당한 인간으로 사는 게 아니다. 내가 하는 것 같지만, 내가 하는 게 아니다. 나의 또 다른 존재 속에서 내가 한다는 착각만 있을 뿐이다.

서울숲을 산책하면 다양한 강아지들이 내 곁을 지나간다. 내 앞을 막기도 하고, 내 옆에서 꼬리를 흔들며 지나가기도 한다. 주인과 함께 뛰어다니기도 하고, 잠시 앉아 멍하게 세상을 보기도 한다. 그들도 자신의 산책을 즐기며 시간을 보낸다. 우리의 모습이다. 우리도 우리가 원하는 대로, 우리의 자유의지로 세상을 살아간다고 믿는다. 그런데 한 시간의 산책을 마치고 보면 알게 된다. 개들의 산책 코스는 주인의 산책 경로였다. 주인이 원하는 대로, 그가 원하는 시간 속에서, 자신의 자유를 표한 것뿐이다. 내가 산책하고, 내가 뛰어논 것처럼 보일 뿐이다. 그것이 개의 운명이고, 우리의 운명이다. 우리는 그 '마음의 목줄'에서 벗어날 수 없다.

아침에 조깅을 마치고 벤치에 앉으면, 세상은 놀라울 만큼 평화로워 보인다. 내 마음의 평화가 세상을 비춘다. '세상은 아름답고 평화롭다'는 내 마음이 그런 세상을 만들어낸다. 그 연결성 속에서 우리는 살아간다. 마음의 의도와 나의 의지가 일치할 때, 세상은 그렇게 펼쳐진다. 그래서 마음의 정화가 필요한 것이다. 우리의 마음이 부정적으로 채색될 때, 그 부정성의 세상이 우리에게 드러난다. 부정적 의도가 부정적 의지로 연결되어 불평, 불만, 불안해하는 하는 나를 만나게 된다. 그 '3불(不)'이 세상과 관계를 맺을 때, 세상은 3불과 함께하는 삶을 선물로 주게 된다. 그러니 우리의 마음을 관찰하고, 그 속의 내용물을 정화해야 한다. 내 마음을 긍정으로 채색하고, 풍요로 채우며, 감사로 물들여야 한다. 의도와 의지가 일치할 때, 우리는 우리가 원하는 모든 것을 얻게 된다. 그것이 무의식이 힘이다. 창조의 근원이자 무한한 가능성의 에너지다. 부처님이 말씀하신 일체유심조의 진리이며, 웨인 다이어가 이야기한 의도의 힘이다.

2장

흔들리지 않는 뿌리를 내리다

살아 있다는 단순한 기적,
볼 수 있다는 황홀한 축복,
말하고 움직이는 자유의 감사.

1 지금이 없으면 미래도 없다

"너 천당 가기 싫구나."

한 친구가 말했다.

"왜?"

"너 맨날 이런 빠삐코 먹으면 엄마한테 혼나. 그런 사람은 천당 못 간대."

어린 시절, 나에게 빠삐코는 즐거움의 상징이었다. 빠삐코를 빨고 있으면 모든 괴로움은 사라졌다. 그런 빠삐코를 먹지 않아야 천당에 간다니. 나는 놀라지 않을 수 없었다. 천당은 빠삐코가 없는 곳이었다. 그때 나는 알았다. 나는 천당에 가기 싫었다. 나에겐 지금 여기가 천당이었다.

시간이 흘러, 우리는 어른이 되었다. 어느 날 친구와 삼겹

살집에서 소주를 마시고 있었다.

그가 말했다.

"야. 행복 별거 없다. 지금 진짜 행복하지 않냐? 지금이 천국이야."

"맞다, 그런데 니 그거 알고 있나. 천국에는 술 안 판데이, 천국에 술집 이런 데 있겠나. 그래서 난 옛날부터 천국 별로 안 좋아했어. 왜냐, 지금 여기가 내 천국이거든."

우리는 자신이 꿈꾸는 미래를 좋아하지만, 그 미래를 위한 '지금'은 거부한다. 지금 여기를 사랑하는 사람은 별로 없다. 그래서 늘 지금이 변하길 바라고, 내 현실이 바뀌길 원한다. 과정을 사랑하는 사람은 없다. 우리는 오직 결과를 원한다. 현실은 지옥이고, 미래는 천국이라고 생각한다. 하지만 알고 있는가? 지금이 천국이다. 미래는 없다. 우리가 경험하는 것은 오직 미래와 연결된 지금뿐이다. 상상이 펼쳐진, 내가 원하는 미래의 모습이 바로 지금이다.

우리는 지금을 원하고 있을까? 대부분은 그렇지 않다. 지금이 바뀌길 바라지, 지금을 원하는 사람은 거의 없다. 그래서 삶이 변하지 않는다. 현재가 바뀌길 바랄 때, 미래는 바뀌지 않는다. 현재를 거부해서다. 하지만 지금 여기를 내가 원할 때, 바뀌어 버린 미래는 지금과 연결된다. 그 차이를 알았으면 좋겠다. 현재를 거부하고, 지금에 저항할 때, 우리는 지금의 과정과 연결된 미래를 포기하는 것이다. 아무리 꿈꾸는 미래를 상상하고, 확언하고, 적어두어도 지금 여기를 버릴 때, 그 미래도 사라지게 된다. 그 미래의 입장에서는 지금이라는 힘든 과정, 성장의 시간이 반드시 필요한 것이다. 그 연결된 지금을 포기할 때, 우리는 천국이라는 망상 속에서 자신의 삶을 죽이고 있다.

지금 여기가 천국임을 알고, 지금 여기에 천국과 연결된 모든 것이 있음을 알 때, 우리는 오늘을 즐길 수 있게 된다. 그 즐거운 시간 속에서 여러분은 알게 될 것이다. 지금(地金, 다듬어서 상품화하지 아니한 황금)이 있어야 황금이 있다. 지금이 즐거우면 미래도 천국이다. 천국을 위해 빠삐코를 희생할 때, 지금이라는 천국은 사라진다. 지금이 없으면 미래도 없다.

2   마음에 부는 바람

3년을 준비해서 대기업에 입사한 20대 청년이 있었다. 학생 때부터 다양한 스펙을 쌓았고, 졸업 후에도 여러 스터디 모임을 하면서 취업을 준비해왔다. 그 결과 작년에 본인이 원하던 대기업에 당당히 입사하게 되었다. 그런데 문제가 발생했다. 바로 직장 상사와의 관계였다. 회사 2년 선배가 그를 매번 무시했다. 조그만 잘못에도 지적을 하고 화를 냈으며, 비난하기까지 했다. 그 무시 속에서 몇 개월을 지내다 보니 자신은 열등한 존재가 돼버렸고, 매일 비관적으로 지내다 보니 '아, 내가 이러려고 이 회사에 입사했나?' 생각할 정도가 되었다. 며칠을 고민하다 나에게 메일을 보내 조언을 구했다.

우리는 이렇게 생각한다. 어떤 사건이나 상황이 발생한

다. 이런 현실, 저런 현실이 펼쳐진다. 그 상황에서 이런 감정, 저런 감정이 나타난다. 직장 상사가 나를 무시하고, 비난하며, 미워한다. 다른 직원들은 아무렇지 않게 대하면서 나한테만 유독 차갑게 대한다. 그 상황에서 '나는 무시당하고 있다' '나는 열등한 존재다'라는 수치심과 열등감을 느낀다. 화내거나 분노할 수도 있다. 즉, '상황이 나의 감정을 만든다'라고 우리는 알고 있다. 하지만 사실은 거꾸로다.

감정이 상황을 만든다. 내 무의식의 부정성이, 부정의 감정을 만들고 있다. 그리고 그렇게 나타난 부정적 감정을 느끼기 위해, 그런 상황을 펼쳐내고 있다. '이게 무슨 뚱딴지 같은 소리냐'라고 할 수 있지만, 이것이 삶의 진실이다. 일체유심조의 진리는 여기에 있다. 우리의 감정이 그 감정을 경험하기 위해서 현실을 그렇게 인식하는 것이다.

내 마음의 수치심을 경험하기 위해, 내 무의식에 각인된 열등감을 경험하기 위해 상황을 그렇게 해석한다. 나의 내면에 열등감이 없다면 우리는 같은 상황에서 열등감을 느끼지 않는다. 그냥 직장 상사의 조언 정도로 흘려보낼 수 있다. 예를 들어, 회장의 아들이 경영 수업을 받기 위해 정체를 감추고 입사해 몰래 일하고 있다면, 직장 상사의 이런 말이 무시나 비난으로 들리지 않는다. '나는 무시당하는 사람이다'라는 무의식이 없기 때문이다. '나는 열등한 사람이다'라는 마음의 목소리가, 그 목소리의 경험을 위해, 상사의 잔소리를 무시로 해석하게 한다. 그 감정을 느끼기 위해서, 지금 상황을 '무시당함'으로 규정해버린다. 그것이 진실이다. 상황이 감정을 만드는 게 아니다. 감정이 상황을 부르고 있다. 그 진실을 여러분이 알았으면 좋겠다. 그때 비로소 깨닫게 된다.

지옥 같은 현실은 없다. 지옥 같은 마음만 있을 뿐이다.

우리의 마음에는 늘 바람이 분다. 마음의 숲인 '이너 포레스트'에서 부는 바람이다. 그 마음의 바람이 우리의 생각이 되고, 감정이 되고, 느낌이 된다. 마음이 부정적으로 채색되면, 부정적인 생각과 감정이 떠오른다. 그 감정을 느끼기 위해 우리는 세상을 부정적 관점으로 해석한다. 똑같은 상황을 누구는 조언으로, 누구는 잔소리로 느끼는 이유는 이 관점의 차이다. 세상은 관점이 투영된 것이다. 세상은 해석된 것이고, 판단된 것이며, 우리 마음이 그렇게 인식한 것일 뿐이다. 그래서 세상이 바뀔 때 내 관점이 바뀌는 것이 아니다. 내 관점이 세상을 그렇게 펼쳐내고 있다. 그 관점을 만드는 곳이 우리 마음의 숲이다. 그곳이 긍정으로 채색되고 감사로 물들 때, 우리는 따뜻한 바람 속에서 살아간다. 그 바람이 나의 바람이다. 우리 독자분들이 그런 앎을 통해서, 앎이 삶이 되는 현실을 경험했으면 한다. 우리의 앎, 우리의 밑바탕에 깔린 그 알아차림, 그 무의식이 우리의 감정과 세상을 만들고 있다. 그리고 그 감정이 그런 현실과 상황을 부르고 있다. 그래서 세상은 거꾸로다. 그가 나를 무시한 게 아니었다. 내가 무시하는 그를 만들었다.

3 결정장애에서 벗어나는 길

"저는 결정장애가 있어요. 어떤 선택을 할 때 쉽게 결정을 못합니다. 그렇게 시간만 끌다가 결국 잘못된 선택을 하게 됩니다. 저는 왜 그럴까요? 우유부단한 성격 때문일까요? 선택을 잘 못해서일까요?"

많은 사람이 나에게 묻는다. 나는 선택을 잘하는지, 그리고 쉽게 결정을 내리는지. 답을 하자면 나는 그런 고민을 하지 않는다. 그냥 선택하기 때문이다. '선택의 기로'에 놓였다는 것은 사실 어떤 선택을 해도 득과 실이 비슷하다는 의미다. 이것을 해도 되고, 저것을 해도 된다. 이것을 해도 득과 실이 있고, 저것을 해도 이익과 손실이 있다. 그 정도가 비슷하다. 만약 이것을 했을 때 득이 훨씬 크다면 우리는 이미 그것을 했을 것이다. 선택의 기로에 놓이지 않는다. 저것을 했을 때도 마찬가지다. 결정이 고민인 이유는 그 이익의 정도가 50.1대 49.9일 때 나타난다. 비슷하다는 이야기다. 그러니 어떤 선택을 해도 무방하다. 기로에 서면 그냥 가면 된다.

그런데 그것이 쉽지 않다. 우리는 선택 앞에서 주저한다. 결정 앞에서 장애를 일으킨다. 그래서 우유부단하다는 말을 들어가며 시간만 보내고 있다. 그래서 결정장애라는 말을 써가며 나에게 메일을 보내고 있다. 하지만, 알고 있는가? 세상에 결정장애는 없다. 포기여사, 욕심쟁이, 핑계장군만 있다.

결정장애의 이유는 세 가지다. 먼저 습관 때문이다. 늘 선택하는 데 주저하는 것이 습관이 된 사람들이 있다. 시간만 끌다가 결정을 못하고 결국 포기한다. 항상 그렇게 해 왔기 때문에 이번에도 불편함을 못 느낀다. 그 습관이 굳어지면 우리 마음에는 강력한 고정관념이 자리 잡는다. 마음에 각인되고 자리 잡은 관념, 고정관념은 삶의 운명으로 작용한다. '나는 결정을 못하는 사람이다'라는 스스로에 대한 규정은 그 사람에 대한 정의로 뿌리내린다. 그리고 평생을 따라다닌다. 늘 포기하는 '포기여사'의 모습이다. 그 습관을 끊어내는 것이 핵심이다. 그리고 그 출발점은 '내가 이런 포기여사의 모습을 가지고 있구나'라는 자기 관찰이다. 이는 명상이고, 수행이고 그것을 통한 '메타인지'다. 내가 무엇을 잘하고 무엇을 못 하는지에 대한 앎이다. 명상을 통한 자기 관찰, 자기 관찰을 넘어서는 자기 사랑의 시작이 여기에 있다. 자기 사랑은 삶의 변화에 있기 때문이다. 그 변화를 통한 성장에 있다.

두 번째는 욕심이다. 늘 좋은 선택만 하고, 나쁜 선택은 하지 않기를 바라는 욕심쟁이의 등장이다. 그들은 자신이 한 선택이 무조건 좋은 결과로 나타나길 바란다. 모든 선택에는 득과 실이 따르지만 실은 버리고 득만 취하고 싶다. 욕심이란 이치에 맞지 않는 두 가지를 모두 취하는 걸 의미한다. A를 가지면 B를 포기해야 하는데, A도 가지고 싶고 B도 가지고 싶은 거다. 카드를 쓰면 카드값을 갚아야 하는데, 카드도 쓰고 싶고 카드값은 갚기 싫다. 이 선택을 하면 A의 득이 있는데, 저 선택인 B의 득도 취하고 싶은 게 선택을 못하는 두 번째 이유다. 하지만 꼭 기억해라. 세상에 좋은 결과, 나쁜 결과는 없다. 선택과 책임만 있을 뿐이다.

마지막은 책임 전가다. 선택은 하면 되고, 그 선택에 대한 책임을 지면 된다. 결정을 하고 그 결정에 대한 과보를 지면 그만이다. 그런데 그것이 싫어서다. 책임을 지는 게 부담이고, 과보를 받는 게 두렵다. 내 선택을 스스로 긍정할 수 없는 모습이다. 선택은 하는 것이고, 그 결정을 긍정하면 된다. 그런데 내 선택에 대한 긍정이 쉽지 않다. 그래서 이런 유형의 사람들이 잘하는 게 있다. 조언을 구하는 거다. 부모에게, 친구에게, 주변 사람들에게 조언을 구한다. 나에게 메일을 보내는 것도 비슷한 이유다. 그리고 그들에게 책임을 전가한다. 책임 전가를 통해 책임 회피하려는 그들의 모습이다. 그것이 핑계장군이다.

"너 때문이야." "엄마가 그렇게 하라고 했잖아." "작가님이 시키는 대로 했는데 안됩니다." "왜 이 사람하고 결혼하라고 해서 내 인생을 망가트려." 주변에 이렇게 말하는 사람들을 잘 살펴보라. 그들이 자주 쓰는 단어가 바로 결정장애다. 그 모습이 우유부단이며, '너 때문이야'를 입에 달고 산다.

그냥 선택하고, 선택에 대한 책임을 지며 살자. 다른 결정을 했어도 비슷한 정도의 과보를 받을 거다. 그러니 가볍게 선택하고, 그 선택을 긍정하며, 결과를 즐겁게 받아보자. 선택하고 셔터 내리라는 말이다. 다른 선택지는 찢어 버리고 나의 선택을 긍정하며 즐겁게 지내보자. 그것이 정답이다. 그것이 결정장애에서 벗어나는 길이다. 얼마나 쉬운가. 그냥 결정하자. 아니면 주머니에서 동전이라도 찾아보자. 그것도 어려우면 첫 번째 떠오른 걸 선택하자. 우리 어릴 때 시험 많이 쳐봐서 알지 않는가? 처음 선택이 맞았다.

4 신호등의 시간

　아침 출근길 운전을 한다. 늘 막히는 도로가 오늘따라 더 막히는 것 같다. 한파에 눈까지 내려 도로 사정이 엉망이다. 저 앞에 있는 제설 차량은 흐름을 더 답답하게 만든다. 지각이다. 꼬리에 꼬리를 무는 행렬 속에 내 차도 있다. 이런 날일수록 얌체같이 끼어드는 차량도 많다. 도로는 더 복잡해진다. 그러다가 내 앞에서 신호가 바뀌었다.

　사거리를 넘어가는 순간 붉은색 불빛이 반짝인다. '아차' 싶어 브레이크를 밟고 한숨을 내쉰다. 하필 내 앞에서. 갑자기 불쾌한 기분이 훅 올라온다. 조금 전 급히 차선을 변경을 해 끼어든 차량은 사거리를 넘어 저기 앞에 서 있다. 기분이 좋지 않다. 순간 나도 모르는 짜증이 느껴진다. 그러면 안다.

'아. 붉은 신호와 나의 짜증이 만나고 있구나, 무슨 일이 또 일어날까?' 그 마음을 관찰한다. 감정을 바라보고, 느낌을 지켜본다. 1분 정도 살펴보면 어느새 신호는 푸른색으로 바뀌어 있다.

"감사합니다."

한 마디 말한 뒤 병원으로 향한다.

길을 가다가 붉은 신호를 만나면 기분이 좋지 않다. 고민과 걱정이 있을 때 이 신호를 만나면 분노마저 느껴진다. 신호 앞에 대기하는 1분이 몇 시간과 같다. 그러다 푸른색으로 바뀌면 발걸음을 재촉해 그곳을 빠져나간다.

나는 명상한다. 내 앞에 붉은 신호가 나타나면 그 시간이 명상시간이다. 짜증이 올라오는 느낌을 느껴본다. 그 감정을 살펴보고 관찰해본다. 그러면 이상한 일이 벌어진다. 올라오려고 하는 짜증이 불쑥 올라오지 않고 잠잠해진다. "짜증이 올라왔구나". 순간의 한 마디가 모든 것을 잠재운다. 명상의 효과다. 어느 순간 마음은 비어 있다. '그렇구나'의 힘이다. 그 시간이 1분 정도다. 그때 신호의 색이 바뀐다. 푸른 빛이 반짝이고 있다. "감사합니다". 텅 빈 마음에 감사의 씨앗을 뿌리고 길을 건넌다. 짜증이 아닌 감사의 씨앗이 마음에서 자란다.

사람들은 붉은색 신호에 부정적 감정을 느낀다. 그 느낌 속에서 1분을 보내고, 푸른색 신호에는 당연하다는 듯 그 길을 건넌다. 푸른색 신호에 감사함을 느끼는 사람은 거의 없다. 푸른색의 당연함에 길을 건널 뿐이다. 그것이 세상을 보는 관점이다. 일상의 당연함에 감사를 느낄 때, 우리는 즉시 행복해진다. 붉은색에 부정적 감정을 느꼈으면, 푸른색에는 긍정의 감정을 느껴야 한다. 그래야 우리 마음이 붉게 변하지 않는다. 고요함을 유지한다. 하지만 우리 마음이 부정적으로 채색되는 이유는 붉은색의 부정성을 푸른색의 긍정성으로 지울 수 없기 때문이다. 우리는 푸른색에 감사하지 않는다. 붉은색에 분노할 뿐이다.

푸른색에 감사하는 삶이 내 마음을 고요하게 만든다. 부정적으로 채색되는 나의 내면을 정화해준다. 그것이 명상이다. 그것이 나의 호흡이다. 우리는 호흡을 통해 내 마음을, 내 삶을 변화시킬 수 있다.

붉은 신호 앞에서 나는 호흡을 한다. 여러분도 그 신호 앞에서는 호흡을 해보라. 신호가 바뀌면 올라오는 짜증과 함께, 호흡을 해본다. 나도 모르는 깊은 호흡이 만들어진다. 짜증과 분노가 나의 호흡 진폭을 높이기 때문이다. 그렇게 깊은 호흡을 다섯 번 정도를 해본다. 그러면 알게 된다. 세 번 정도는 짜증이 호흡을 만들지만, 두 번 정도는 내가 하게 된다. 그러다가 점점 평소의 호흡으로 차분해진다. 그 차분해진 호흡 속에서 짜증도 조금 누그러진다. 그때 느껴본다. 호흡은 내가 하는 걸까? 그때 호흡은 내가 하는 게 아니다. 내 의지로 하는 게 아니다. 또 다른 무언가가 나의 호흡을 일으키고 있다. 조금 전, 내가 만든 깊은 호흡과는 다른 호흡이다. 또 다른 존재의 호흡이다. 바로 마음의 호흡이다. 마음이 나의 호흡을 만들고 있다. 그리고 그 마음이 나의 짜증마저 정화하고 있다. 마음은 감정을 흘려보내기 때문이다. 그 잔잔한 호흡 속에서 조용해진 내면을 들여다본다. 어느새 마음은 텅 비게 되고, 호흡은 고요해진다. 그리고 그 조용한 마음속으로 푸른 빛이 들어온다. 그 푸름의 감사가 내 마음을 물들인다.

기분이 좋아지고, 오늘 하루 좋은 일이 생길 것 같다. 1분의 짧은 순간, 호흡을 통해 또 다른 나를 만나본다. 그 순간이 명상이고, 사유고, 마음 정화다. 그 명상이 일상이 될 때, 나도 모르게 우리 마음은 긍정으로 채색되고 감사로 물들어진다. 일상이 된 명상이 삶을 바꾸는 것이다. 신호등 명상은 아무것도 아닌 것 같지만 삶이 바뀌는 최고의 방법이다. 그것이 알아차림이다. 붉은색에 동요되지 않고, 푸른색에 감사함을 받아들이는 허용의 시간이다.

텅 빈 마음의 색깔이 있다. 나는 그 색을 보며 자주 느낀다. 알아차림의 색은 늘 우리 앞에 있었다. 보고도 알지 못했던 그 색의 시간을 나는 자주 만난다. 그것이 노란색의 시간이다. 붉은색에 물들지도 않고, 푸른색에 취하지도 않는 노란색. 불행에 빠지지도 않고, 행복에 교만해지지 않는 알아차림의 색깔이다. 그 짧은 노랑의 시간을 보며, 나는 알아차림을 준비한다. 그러면 나는 흔들리지 않는다. 짜증으로 가득 찰 내 머리를 텅 비워버리고, 그 공간 속에 감사를 맞이할 준비를 한다. 그것이 노랑의 시간이다. 신호가 변할 때, 우리에게 보내는 삶의 신호다.

"붉은색 푸른색, 그 사이 3초 그 짧은 시간. 노란색 빛을 내는 저기 저 신호등이 내 머릿속을 텅 비워버려 내가 빠른지도 느린지도 모르겠어. 그저 눈앞이 샛노랄 뿐이야!"

가수 이무진도 알고 있었다. 그것이 노란 신호등이다.

5 번아웃,
소진이 아닌 성장

"몸도 힘들고 마음도 지쳐서 시작을 못 하겠어요."

이런 이야기를 많이 듣는다. 사실 '힘듦'과 '지침'은 조금 다르다. 힘든 것은 불안, 두려움, 공포 같은 부정적인 감정과 내가 하나가 되었을 때 나타난다. 반면, 지침은 마음의 에너지가 고갈되어 의욕이 사라지고 몸도 무기력해진 상태다.

지친 마음을 바로 회복하는 것은 어렵다. 마음은 내 것이 아니기 때문이다. 하지만 몸은 내 의지대로 움직일 수 있다. 그래서 지칠수록 오히려 더 많이 움직여야 한다. 활동을 늘리고, 운동을 하고, 몸에 좋은 음식을 섭취한 후 다시 에너지를 소비해야 한다.

나는 지칠 때 집에서 스쿼트를 50개씩 한다. 그렇게 몸에 열정을 불어넣으면 다시 에너지가 차오르는 걸 느낄 수 있다. 때로는 여행도 좋은 방법이다. 낯선 곳에 가면 우리의 뇌는 새로운 자극을 받아 번뜩이는 영감을 얻고, 마음에 활기가 생긴다.

요즘 많은 사람이 '번아웃'을 호소한다. 번아웃 증후군은 1974년 미국의 심리학자 허버트 프로이덴버거(Herbert Freudenberger)가 처음 등장시킨 용어다. 그는 약물 중독자들을 상담하는 전문가들의 무기력 상태를 설명하기 위해 '번아웃'이라는 표현을 도입했다. 50년이 지난 지금, 이 표현은 다양한 직종에서 만성적인 업무 스트레스와 에너지 소진 상태를 설명하는 데 쓰인다.

번아웃은 크게 세 가지 상태를 포함한다. 첫째, 신체적 고갈이다. 지속적인 피로감이 쌓이고, 면역력과 집중력이 저하된다. 말 그대로 모든 에너지를 소진한 상태다. 둘째, 정서적 부정성이다. 세상과 사람들에 대한 부정적인 인식이 강해진다. 긍정적 사고와 알아차림이 사라지기 때문이다. 마지막으로 무력감이 찾아온다. 자존감이 떨어지고, '나는 아무것도 할 수 없는 사람'이라는 생각이 우리를 지배한다. 이처럼 번아웃은 반갑지 않은 손님처럼 보인다.

그래서 많은 곳에서 번아웃을 줄이고 예방하려 한다. 직장에서는 번아웃 방지 프로그램을 운영하고, 번아웃 예방을 위한 책과 영상이 쏟아진다. 얼마 전 나도 번아웃을 줄이는 방법에 대한 강의를 요청 받았다. 하지만 나는 묻고 싶다. 과연 번아웃은 줄여야 하고, 예방해야 할 것인가?

좀 다른 이야기에서 힌트를 얻을 수 있다. 번아웃이라는 용어는 차량 경주(모터스포츠)에서도 사용된다. 여기서 번아웃은 '차량이 출발 전에 타이어를 급격히 회전시켜 노면과의 마찰을 증가시키는 기술'을 의미한다. 타이어의 표면을 달구고 먼지를 제거함으로써 도로 접지력을 극대화하는 효과를 만든다. 이 접지력 덕분에 실제 레이싱에서는 단 몇 초라도 기록을 단축할 수 있다. 번아웃을 통해 더 빠르고 강한 출발을 할 수 있는 것이다. 그래서 레이싱에서의 번아웃은 '최적의 출발'을 위한 기술이다. '소진'이 아니라 '퍼포먼스를 높이기 위한 과정'이다.

나도 종종 번아웃을 경험한다. 집에 와서 소파에 앉으면 아무런 기력이 없다. 하지만 나는 그 순간을 두려워하지 않는다. 아니, 적어도 번아웃이 왔다고 해서 무력감에 빠지거나 우울해하지 않는다. 어떤 생각도 떠오르지 않고 멍한 상태가 지속될 때, 나는 안다.

"아, 내가 그만큼 성장했구나. 다음번엔 더 효율적이고 더 정확하게 해결할 수 있겠어."

번아웃은 소진이 아니다. 더 높은 발전을 위한 마찰력이라고 생각하자. 그 마찰의 생채기가 우리를 아프게 할 수도 있다. 하지만 그 이면에는 성장이라는 선물이 있다는 것을 기억하자. 병과 약은 공존하기 때문이다. 소진의 순간이 곧 회복의 순간이며, 그 회복을 통해 더 강한 추진력을 얻는다. 훗날 지금의 과정을 되돌아보며 '내가 벌써 여기까지 왔구나'를 알게 되는 순간이 반드시 온다는 것을 잊지 말자.

지금, 지치고 무력해진 당신에게 꼭 말해주고 싶다. 삶은 과정으로만 존재한다. 과거, 현재, 미래라는 건 없다. 지금밖에 존재하지 않기에 '지금을 얼마만큼 잘 보내는가'가 결국에는 삶의 모든 것이다. 가끔 예능 프로그램에서 노래를 1초 듣고 곡의 제목을 맞추는 게임이 나온다. 1초만 가지고도 곡 전체를 알 수 있다는 것은 이 1초에 처음과 끝이 다 들어가 있다는 뜻이다. 우리의 삶도 이와 같다. 지금 여기에 우리의 과거, 현재, 미래도 다 수렴되어 있다.

번아웃은 '나약한 것'이 아니다. 번아웃은 나약한 나를 성장시키는 필수 불가결한 것이다. 그래서 번아웃은 '당연한 것'이다. 모든 사람이 겪지만, 그 방향성이 달라지는 것이 번아웃이다. 번아웃을 무기로 쓸지, 무력으로 쓸지는 여러분에게 달렸다. 그리고 한 가지만 기억하라. 제발 '힐링'을 찾지 말자. 이는 스스로를 환자로 만드는 일이다. 번아웃을 소진으로 받아들이겠다는 자세다. 대신 이렇게 하자.

'눈 감고 꿀잠 자자.'

번아웃의 모든 경험이 내 몸과 마음에 각인될 수 있도록.

6　'비교'라는 종교

나는 모태 신앙이다. 대학생이 될 때까지 열심히 성당을 다녔다. 군대 훈련소 시절에는 주말을 교회에서 보냈다. 성당은 초코파이를 주고, 교회는 몽쉘을 줬다. 울산에서 공중보건의를 할 때는 근처 통도사에 자주 갔다. 그곳에서 들리는 목탁 소리가 좋았다. 지금은 성당도 가고, 교회도 가고, 절에 가기도 한다. 그래서 나는 다종교다.

나는 종교적 신앙보다 종교의 가르침, 성경이나 불교 서적, 예수님이나 부처님의 말씀을 좋아한다. 그 속에 들어 있는 다양한 상징과 은유, 함축과 비유를 해석해 그들의 깨달음을 배우는 게 좋다. 천당에 가기 위해서, 지옥에 가기 싫어서 종교를 믿는 게 아니다. 나에게 종교는 믿음의 대상이 아니다. 깨달음을 위한 도구가 바로 종교다.

종교적 신앙과 종교적 가르침은 방향이 다른 경우가 많다. 우리나라 불교의 신앙은 윤회사상이다. 복을 많이 짓고 죽으면 사람으로 환생하고, 그렇지 않으면 미물로 태어난다는 거다. 사실 생사윤회의 신앙은 인도의 전통 사상에서 유래한 것으로 부처님이 말씀하신 윤회와는 무관한 이야기다. 부처님의 윤회는 다른 의미를 담고 있다. 그건 바로 즐거움과 괴로움이 반복된다는 말이다. '고(苦)'와 '락(樂)'의 순환을 윤회라고 말했다. 그리고 참다운 행복은 그 고락의 윤회에서 벗어나는 것이라고 했다. 불교의 신앙은 윤회지만, 부처님의 가르침은 그 윤회에서 벗어나는 것이다.

성당이나 교회에서 강조한 것은 믿음이었다. 예수를 믿고, 그의 부활을 믿으며, 그의 가르침을 믿는 사람들의 모임 장소가 그곳이었다. 그런데 예수님의 가르침은 자신을 믿지 않는 사람들도 사랑하라는 것이었다. 신앙을 넘어서는 사랑의 가르침이 성경에 나와 있었다. 그건 부처님도 마찬가지였다. 자신을 믿지 말고, 스스로를 등불 삼아 진리를 찾으라고 말했다. 예수님도 부처님도 자등명의 지혜를 이야기하고 있었다.

요즘 많은 사람들이 가지고 있는 종교가 있다. 종교적 신앙이 믿음이라면 이 종교는 믿음을 넘어서는 신념을 가지고 있다. 거의 99%의 사람들이 이 종교에 빠져 있다. 이 종교가 바로 '비교'다. 비교라는 종교는 어릴 때부터 우리를 세뇌시켜, 삶의 모든 순간을 지배하고 있다. 과거를 없애고, 현재를 희생시키고, 미래를 두려움으로 채색한다. 종교에 빠져 현실을 저버리고 사는 사람들의 모습이다.

사이비 종교의 특징이 두려움을 이용해 신자들을 세뇌시키고, 그들의 교리가 절대적임을 강조한다. 비교라는 종교가 그렇다. 우리가 원하는 미래를 비교를 통해 가질 수 없는 그 무엇으로 만들어 버리고, 그 두려움을 이용해 오늘을 희생하게 한다. 열심히 살아온 과거를 현재의 비교를 통해 무의미하고 무가치한 것으로 치부한다. 우리의 행복은 미래에 있음을 강조하며 최선을 다해 살아온 과거를 없애버린다. 미래의 행복은 '더 좋은 것을, 더 많이, 더 오랫동안 소유하는데 있다'는 교리를 늘 세뇌시킨다. 그렇게 우리는 그 비교에 빠져든다.

종교는 개인의 선택이고 우리에겐 종교의 자유가 있다. 헌법에 보장된 국민의 자유권이 종교다. 종교는 사실 진리를 깨닫는, 더 행복하기 살기 위한 도구일 뿐이다. 도구에 빠져서 주인의 자리를 내주지 마라. 주객전도된 삶이 비교하며 사는 모습이다. 비교에 빠지지 말고, '내가 지금 비교하고 있구나'라는 깨달음을 '비교'를 통해 얻어야 한다. 그 알아차림의 대상이 비교일 뿐이다.

우리 삶이 괴로운 이유는 내가 원하는 것이 이루어지지 않아서다. 왜 그럴까? 우리가 원하는 것은 결과가 아니기 때문이다. 우리가 원하는 것은 결과가 아닌 비교다. '내가 원하는 것', 그 욕구를 채우고, 그것을 채우는 과정에서 만족을 느끼면 우리는 바로 행복해진다. 그런데 우리가 원하는 것이 '모든 사람이 원하는' 욕망이라면 불행해진다. 욕망의 전제는 비교이며, 이 비교는 절대로 충족되지 않는 속성이 있다. 욕구를 채우면 행복하지만, 욕망을 충족하기에 우리는 불행해진다.

> 욕구를 좇으면 풍족한 세상에 살지만
> 욕망을 좇으면 빈곤한 세상을 산다.

그것이 비교가 알려주는 깨달음이다.

50대 가장이 30년을 한 직장에서 일하고 드디어 월세가 아닌 전셋집을 구해서 집들이를 했다. 그 축하의 자리에 찬물을 끼얹는 것은 이번에 집을 산 후배의 이야기다. 행복에 비교가 찾아오면 불행을 동반한다. 그리고 또다시 이 종교에 빠져 괴로움과 두려움 속에서 살아간다. 비교에 빠지지 마라.

그 종교에서 깨어나 비교 속의 나를 관찰하자. 비교하고 있음을 알아차림. 그것이 '비교'의 사이비 종교가 알려주는 삶의 지혜이자 행복의 진리다.

7 안개가 사라지지 않는 안개 구간은 없다

"직장 상사가 저를 항상 무시합니다."
"같이 사는 남편 때문에 너무 화가 납니다."
"사는 게 괴로움 그 자체입니다."
"여자 친구가 저를 버리고 떠났어요."
"시험에서 매번 떨어지고, 저는 원래 이렇게 열등하게 태어났나 봐요."

다양한 사람들에게 각자의 고민을 담은 메일을 받는다. 모든 질문에 답할 수 없지만, 이 글을 통해 내 생각을 전하고 싶다.

고속도로 운전을 하다가, 안개 구간을 만난 적이 있었다.

100미터 앞이 보이지 않는 꽤 위험한 길이었다. 비상등을 켜고 저속 운전을 하는 차 한 대정도만 눈에 들어왔다. 나도 속도를 늦추고, 비상등을 켜고, 그 속을 지나갔다. 시끄러운 라디오 소리를 줄이고, 앞만 바라본 채 운전에 집중했다. 조용한 안개 속으로 적막한 두려움이 흘렀다. 몇 분이 지났을까? 안개의 색이 조금씩 옅어지고 있었다. 눈앞에 차들이 보이기 시작했다. 안개 속을 스쳐가는 새들도 보였다. 그렇게 안개는 사라지고 있었다. 십여 분 정도 지나자 나도 모르게 안개는 사라졌고 고속도로는 뻥 뚫려 있었다.

우리 삶에서도 안개를 만날 때가 있다. 부정적 감정을 만날 때다. 분노, 화, 시기, 질투, 무시, 열등감, 고통, 괴로움 등이다. 이런 감정이 나타날 때, 우리의 선택은 두 가지다. 허용하거나, 억누르거나. 부정적 감정을 받아들이겠다는 것은 기꺼이 안개 구간을 지나겠다는 얘기다. 비상등을 켜고 두려움 속에 그 곳을 지나지만, 그 시간 속에서 안개는 사라진다. 허용하면 흘러간다. 안개가 사라지듯, 부정적 감정도 어느새 가라앉는다.

부정적 감정을 거부하는 것은 안개 구간을 지나가지 않겠다는 의미다. 그 감정을 거부하고 외면하는 것은 그 감정과 싸우겠다는 나의 의지다. 안개 앞에서 그 안개를 저항하고 있다. 안개를 바꾸려하고, 안개를 애써 외면하고, 그 안개에 저항하며 안개 앞에서 없어지기를 기다리고 있다. 하지만 그런다고 안개가 사라지지 않는다. 늘 내 앞에서 지속되는 안개만 바라보게 된다.

우리 감정도 안개와 똑같다. 허용할 때 흘러가고, 저항하면 지속된다. '아 이런 감정이 나타났구나, 뭐 살다보면 그럴 수 있지.' '아 그가 나를 무시하고 있구나, 나도 그럴 때가 있잖아. 그러라 하고 난 앞으로 그러지 말자.' 이렇게 세 단계 과정을 거치면 감정은 흘러간다.

- 1단계: '그렇구나' - 알아차리기
- 2단계: '그럴 수 있지' - 허용하기
- 3단계: '그러라 그래' - 흘려보내기

하지만 우리는 어떠한가. 누가 나를 무시하면 즉각 저항감이 생긴다. 그 무시를 또 다른 분노로 표출한다. 그 분노를 복수로 상정하고 또 다른 부정적 감정을 끌어들이는 거다. 혹은 그의 무시를 통해 자신의 열등감을 폭발시키고, 자기 비하와 자존감을 낮추는 늪에 빠지기도 한다. 애써 딴생각을 하거나 그 감정을 감추려 자기기만을 하기도 한다.

안개 앞에서 화를 내는 것도, 체념하는 것도, 그것을 바꾸려는 것도 아무런 의미가 없다. 안개가 나타나면, 그것이 있음을 알아차리고 경험하면 그만이다. 삶의 부정성이 나타날 때, 그건 저항해야 될 적이 나타난 게 아니다. 그냥 경험해볼 상황이 나타난 것이다.

삶을 문제로 바라볼 때, 인생은 풀어야 할 숙제가 되지만, 상황으로 바라볼 때, 인생은 경험해볼 여행이 되는 거다. 우리 삶이 괴로운 이유는 현실의 상황을 문제로 바라보기 때문이다. 상황에 부정적 감정을 담을 때, 우리는 상황을 해결해야 할, 싸우고 이겨야 할 대상으로 인식하기 시작한다. 혹은 외면하거나 억누를 그 무언가로 규정한다. 그 저항이 지속을 만든다. 우리의 생각이 늘 부정성으로 채색되는 이유다. 삶의 부정성, 부정적 생각과 부정적 감정을 허용하지 않기 때문이다. 부정성을 부정할 때 부정성은 사라지지 않는다. 부정성을 긍정할 때, 부정성은 흘러가게 된다.

감정의 부정성이 나타날 때, 우리의 알아차림이 이 부정성을 긍정하게 된다. 그 긍정 속에서 부정을 허용할 때, 우리는 안개 구간을 나도 모르게 지나게 된다. 삶이 힘겨울 땐 기억하라. '그렇구나, 그럴 수 있지, 그러라 그래'. '3그'의 지혜가 알아차림의 불빛이 되어줄 것이다. 알고 있는가? 안개 구간을 지날 때, 어느새 차에는 안개등이 켜진다. 이미 차는 그 구간을 지나갈 준비를 하는 것이다. 그 안개등이 우리에게도 준비되어 있다. 알아차림이다. 그 등을 켜고 당당히 지나가자. 어느새 안개는 사라지고 없을 것이다.

겁먹지 마라. 안개가 사라지지 않는 안개 구간은 없다. 그것이 우리의 삶이다.

8   공을 잡아내는
외야수처럼

　한때 나는 농구에 푹 빠져 있었다. 대학 농구가 전성기를 맞으며 각 학교의 스타들이 연예인보다 더 큰 인기를 끌었다. 〈슬램덩크〉라는 만화도 그 열기에 한몫했다. 고등학교 농구장은 밤새 조명이 꺼질 날이 없었다. 그러다 고등학교를 졸업하고 수영을 배웠다. 본과 시절에는 스타크래프트에 빠졌다. 동섭이의 테란을 나의 질럿으로 찌르는 재미에 1년을 보냈다. 방학이 끝나자 친구가 업그레이드되어 돌아왔다. 도저히 이길 수가 없었다. 바로 흥미를 잃어버렸다. '잘함'의 느낌이 사라지면 '재미' 또한 사라진다. 그때부터는 야구를 좋아했다. 역시 야구는 롯데다. 롯데 야구는 늘 하위권이지만 열정만큼은 항상 상위권이었다. 부산의 야구 사랑은 경험해본 사람만이 안다. 그냥 미쳤다.

　야구를 생각하면 늘 떠오르는 장면이 있다. 외야수다. 타자가 친 공을 저 멀리서 뛰어와 몸을 날리며 잡는다. 관중의 환호가 터지고, 박수 소리가 쏟아진다. 그때 외야수는 글러브에 있는 공을 확인하고 관중을 향해 손을 올린 후 스스로 대견해한다. 그리곤 씨익 웃음을 보인다. 성공한 사람의 흐뭇한 미소다. 그 미소가 나에겐 가장 기억에 남는 장면이다.

　야구 중계의 하이라이트는 두 가지다. 하나는 타자의 화려한 홈런 장면이고, 또 하나는 외야수의 멋진 수비 장면이다. 그중 최고의 장면은 홈런처럼 보였던 공을 외야수가 몸을 날려 수비하는 모습이다. 항상 올해의 명장면으로 선정된다.

　어릴 때 보았던 외야수의 장면은 오랫동안 나의 기억에 남아 있다. 그리고 그 장면은 삶의 모든 단계에서 즐길 수 있는 힘을 만들어주었다. 나는 그렇게 성장했다. 나는 외야수처럼 살았다.

"작가님, 어떻게 하면 원하는 목표를 빨리 이룰 수 있을까요? 저는 20대부터 시크릿 관련 책도 많이 보고, 끌어당김을 생활화하고 있어요. 매일 아침 5시에 일어나서 긍정 확언으로 하루를 시작하고, 백 번씩 제 목표를 종이에 적기도 합니다. 원하는 미래의 모습을 구체적으로 상상해보기도 하고,

그걸 사진에 남겨서 드림 보드에 붙여 놓기도 합니다. 그런데 아직 큰 변화가 없어요. 저는 대기업 입사가 목표인데, 매번 불합격하고, 올해는 공채도 줄어든다고 합니다. 왜 세상은 저의 끌어당김과는 정반대로 나타날까요? 사는 게 너무 괴롭고, 노력이 시간 낭비 같습니다."

  20대 청년들의 메일이 많이 온다. 나도 얼마 전에 20대였던 것 같은데, 이제 그들에게 이런 메일을 받는 걸 보면, '와, 내가 언제 이렇게 나이가 들었지?'라는 생각도 든다. 세상이 발전하고, 국가가 성장하는 시기에는 취직 걱정이 없었다. 우리의 부모 세대는 대학만 졸업하면 어디든 취직이 되었고, 사업적인 성공도 지금보다 쉬웠다. 그래서 하루라도 빨리 졸업을 하고 취업을 해서 돈을 버는 게 부자가 되는 지름길이었다. 그런데 저성장 시대는 다르다. 취업은 하늘의 별 따기가 되었고, 사업은 금수저가 아니면 못 꿀 꿈이 되었다. 이런 시대에 사는 청년들이 너무 안타깝고 안쓰럽다. 그래도 지금 이 시절에도 자신의 꿈을 이루고 목표를 성취하는 이들이 있기에, 메일을 쓴 청년도 자신의 꿈을 이루길 바라며 답을 주었다.

  외야수가 공을 잘 잡는 이유는 세 가지다. 먼저 공을 보면서 쫓아간다. 하늘의 공을 바라보고 자신의 위치와 속도를 조절하며 공을 쫓아간다. 저격수가 가늠자를 조정하듯, 공을 쫓는 과정을 조정한다. 공을 보며 달리기에, 공을 잡을 수 있는 거다. 앞만 보고 달리면 공은 어딘가로 사라진다. 둘째, 저 공을 잡을 수 있다는 확신이 있다. 인생의 전부를 야구에 투자한 그들이다. 일반인과는 다르다. 실제로 우리가 야구공을 주고받는 연습을 해보면 안다. 공을 받는 게 그렇게 쉽지 않다. 더구나 하늘 높이 떠 있는 공을 캐치하기란 쉽지 않다. 하지만 그들은 받아낸다. 기본기가 받쳐주고 기나긴 경험이 있기에, 공을 잡을 수 있다는 확신, 그 확신을 넘어서는 '당연함'이 그들에게 있다. 그 결과에 대한 당연함이 외야수의 비밀이다. 마지막은 관중에게 있다. 관중의 환호와 박수가 그들에게 즐거움을 준다. 즐거우면 몰입하고, 몰입하면 무의식에 빠진다. 내가 잡는 게 아니다. 내 마음이 잡는다. 외야수가 공을 잡을 때, '저 공을 잡아야지'라고 생각하며 달리는 게 아니다. 아무런 생각 없이 달린다. 나도 모르게 손을 뻗고, 무의식적으로 몸이 잡는다. 생각으로 잡으면 실수를 하지만, 몸으로 잡으면 이미 손에 들어 있다. '나는 공을 잘 잡는 사람이다'라는 무의식이 이미 그런 현실을 만들기 때문이다.

우리 삶도 마찬가지다. 삶의 목표가 생기면, 나는 그 미래를 인식한 채 오늘을 살아간다. 지금의 과정에서 목표에 맞추는 조정을 한다. 그 볼을 바라보며 지금의 나를 최선을 다해 변화시킨다. 전력 질주를 하는 그들만큼 충실히 오늘을 조정한다. '올해 책 한 권 써야지'라는 목표가 생기면 하루 10페이지 정도 글을 써 나간다. 책 출간의 목표에는 '매일 글쓰기'라는 과정이 필요하다. 그렇게 오늘 하루를 조정한다. 그리고 그렇게 한 달을 쓰다 보면 알게 된다. '아, 한 달 뒤에 초고를 다 쓰겠구나, 그럼 여름 전에는 출간되겠네'. 이렇게 결과에 대한 당연함이 생긴다. 이 당연함 속에서는 글 쓰는 게 재밌어진다. 이미 출간된 목표에서, 그 결과에서 지금을 즐기기 때문이다. '어차피 책이 나올 것'임을 알기에, 그 당연함은 즐거움을 만들고, 0페이지를 쓰는 하루에서 10페이지를 쓰는 하루로 오늘을 조정한다.

미래를 인식한 채 오늘을 조정하고, 결과에 대한 당연함을 지닌 채 과정을 즐긴다. 그것이 어린 시절 각인된 외야수의 삶이다. 한 방에 역전을 시키는 홈런보다, 과정을 조정하는 수비의 삶이 나에게 더 큰 성공을 가져다주었다. 인생은 과정을 시간으로 적분하는 삶이다. 한 방의 성공 신화는 존재하지 않는다. 대신 과정을 쌓아가는, 오늘을 조정하는 즐거움이 우리 추억으로 남는다. 그것이 삶인 거다. 우리 삶은 과정만이 존재하기 때문이다. 그 과정을 즐거운 조정으로 채워 나갈 때, 어느 순간 여러분의 손에 빛나는 공이 있음을 알게 될 것이다. 그 공을 보며 웃고 있을 여러분을 발견할 것이다. 씨익 웃고 있을 당신의 미소를 기대한다.

9 생각은 하는 게 아니라 쓰는 것이다

　아침에 눈을 뜨면 스멀스멀 떠오르는 걱정, 어제의 후회, 내일의 불안. 그 생각들은 바람처럼 마음의 숲을 스친다. 우리는 종종 생각과 하나가 되어 살아간다. 생각이 나를 휘감고, 내가 생각이 되어 괴로움 속에 머문다. 아마도 마음이 부정과 두려움으로 물들어 있을 때, 그 색깔을 따라 생각도 어두운 그림을 그리기 때문일 것이다.

　우리는 생각을 쓰면서 살아야 한다. 생각은 도구다. 우리가 세상을 판단하고 해석하는 도구가 생각이다. 그래서 우리는 생각이 아니다. 생각은 나의 생각이다. 내 생각(My thought)이지 나는 생각(I'm thought)이 아니다. '마이'는 소유격이다. 그러니 생각하려 하지 말고, 생각을 쓰면서 살아야 한다. 생각을 쓸 때, 생각을 바라볼 수 있다. 그때 우리는 생각의 부정성과 하나가 되지 않고, 부정적 생각을 알아차릴 수 있다. 생각에 대한 생각을 하게 된다. 그것이 사유다.

생각은 쓰는 거지 하는 게 아니다. 생각을 하는 것은 그것과 하나가 되는 거고, 생각을 쓰는 것은 그것을 알아차리는 거다. 그건 생각을 하지 않는 게 아니다. 떠오른 생각을 알아차리고, 과연 그 생각이 옳은 것인지 생각을 생각하는 것이다.

우리에게는 세 가지의 생각이 있다. 첫 번째 생각은 잡생각(Thought)이다. 그냥 마음이 떠올린 생각이다. 하루에도 몇천 개의 잡생각이 떠오르고, 그만큼 사라진다. 잡생각은 나에게 아무런 영향을 미치지 못한다. 스치는 바람처럼 마음의 숲에 부는 잔바람이다.

두 번째 생각은 내 생각(Being a thought)이다. 떠오른 생각과 하나가 된 상태다. 우리를 괴롭히고, 삶을 힘들게 하는 부정적 생각이다. 물론 즐거운 생각이 떠오를 때도 있다. 마음은 늘 변하기에, 그 마음이 떠올리는 생각도 항상 변한다. 다만 우리의 마음이 부정과 두려움으로 물들어 있는 사람들이 많기에 대부분은 그런 생각이 떠오를 뿐이다. 그리고 그 생각과 하나가 되어 생각이 나의 주인 행세를 한다. 도구인 생각이 주인이 되어 내 삶을 괴롭힌다. 주객이 전도되고, 전도몽상에 빠진다. 중학교 다닐 때, 우리 담임 선생님이 자주 하셨던 말이다. "디비쪼지 마라." 거꾸로 생각하고 반대로 행동한다는 말이다. 생각이 주인이 되면 우리는 노예가 된다. 디비쪼는 삶을 산다.

세 번째 생각이 알아차림(Think a thought)이다. 떠오른 생각을 알아차리고, 그 생각을 사유하는 거다. 부정적 생각을 바라보고, 그 부정성을 허용할 수 있는 긍정적 사유는 이때 생긴다. 삶의 긍정성, 긍정적 사고는 알아차림에서 시작된다. 현실이 힘들고 괴로워도, 우리는 그렇게 살 이유가 없다. 세상은 나의 해석일 뿐이다. 부정적인 현실이 떠올라도, 그 생각을 긍정적으로 해석할 때 우리의 사유는 곧 나만의 관점이 된다. 그 관점은 세상을 긍정으로 판단하고, 그 판단이 전혀 다른 인생 영화를 만든다. 생각 없이 사는 것이 아니라 사유하며 살아야 한다. 멍하게 사는 것이 아니라 알아차리며 지내야 한다. 명상이 일상인 이유는 이 알아차림 속에서 매일을 살기 때문이다.

생각 없이 살라는 말은 생각하며 살지 말라는 말이다. 생각을 쓰면서 살아야지, 생각하며 살면 괴롭다. 생각을 알아차리고, 그 생각을 생각하며 살아갈 때, 우리는 삶을 긍정적으로 해석하고, 삶의 부정성도 허용할 힘을 지니게 된다. 그것이 생각의 주인으로 사는 나의 방식이다. 생각이라는 도구를 가지고 사는 주인의 삶이다. 그러니 제발 디비쪼지 말고, 자유롭게 살자. 생각에 빠지면 중독이 된다. 술에 빠지듯, 도박에 빠지듯, 생각에 빠지면 삶이 괴로워진다.

도박 중독자들은 하루 종일 도박을 생각한다. 하루 대부분을 도박에 쓰고, 도박하지 않는 시간에는 금단 증상을 겪는다. 생각도 마찬가지다. 생각 중독자들은 하루 종일 생각에 빠져 지낸다. 걱정과 불안 속에서 대부분의 시간을 보내며, 내일이 되어도 그 생각을 하지 않으면 불안해 다시 끄집어낸다. 도박 중독자가 도박하지 않는 시간이 불안하듯, 생각 중독자는 생각 없는 고요한 시간이 괴롭다. 그것이 생각 중독이다.

생각으로부터 자유로워지자. 생각은 '하는 것'이 아니라 '쓰는 것'이다. 알아차리는 것이지 하나가 되는 게 아니다. 우리는 '나는 생각한다, 고로 존재한다'라는 말에 세뇌되어 살아왔다. 그러나 '나는 사유한다, 고로 행복하다'가 맞는 말이다. 부정 중독에서 벗어난 삶은 여기에서 시작한다. 생각은 쓰는 것이다. 그때 우린 행복해진다.

10 기도의 본질

"작가님은 종교가 있으신가요?"

"종교는 없는데 종교의 가르침은 좋아해."

"그럼 따로 기도는 안 하시나요?"

"기도 많이 하는데, 거의 생활이야."

"그럼, '로또 좀 맞게 해 주십시오' 같은 기도하시나요?"

"그건 기도가 아니라 기복이야."

나의 유튜브 채널에서 강작가와 나누었던 대화다. 그는 나와 인터뷰를 진행하며 다양한 주제로 이야기를 나누고 있다. 이번 대화의 주제는 종교, 그중에서도 '기도'에 관한 것이었다.

여러분은 기도를 어떻게 하는가? 아니 기도가 무엇이라

고 생각하는가? 종교의 유무와 상관없이, 우리는 누구나 기도를 한다. 그 대상이 하느님이든, 부처님이든, 조물주나 다른 신이라 할지라도 상관없다. 우리는 우리보다 더 큰 능력을 지닌 그 무엇에 의지하고자 한다. 그에게 의지하며 내가 원하는 것을 이루고 싶어 한다. 그 기원을 담아 전하는 나의 메시지를 우리는 기도라고 부른다.

그런데 사실 그건 '기복'이다. '복을 기원하다'라는 뜻처럼 자신이 원하는 소망을 이루어 달라는 청원이 기복이다. 기복은 기도와는 다르다. 기도는 청원이 아닌 감사다. 기도는 신이라 불리는 초월적 존재와의 교감을 의미한다. 그 존재와의 연결을 통해 그가 주는 선물을 감사히 받아들이는 마음, 그것이 기도의 본질이다. 신은 세상을 매개로 하여 우리에게 선물을 준다. 지금 이 순간이 바로 그가 준 선물임을 알아차리는 것, 그 시간이 곧 기도다. 그래서 기도는 허용이다. 그 허용을 속에서 우리는 감사를 표현한다. 진정한 기도에는 반드시 감사가 담겨야 한다. 신에게 감사를 전하고, 지금 이 현실에 감사함을 느끼는 그 순간이 바로 기도가 주는 축복의 시간이다.

반면 기복은 신적 존재를 통해 세속적 성공을 얻고자 하는 욕망을 의미한다. 그 욕망의 도구가 기복이다. 내가 원하는 결과를 꼭 이루고자 하는 마음이 기복의 본질이다. 인간은 신을 통해 원하는 미래를 선물 받고 싶어 한다. 그 결과를 얻기 위해 간절히 기복하면서 기도한다고 착각한다. 하지만 기복은 욕심이다. 원하는 것을 얻기 위해 지금의 과정을 생략한 채, 오직 결과만을 바라며 청원한다. 그래서 기복에는 집착이 들어간다. 그리고 집착은 분노와 두려움을 부른다. 기복이 이루어지지 않을 때 분노하고, 기복이 이루어지지 않을까 두려워하면서 더욱 기복에 의지한다. 기복하는 사람들은 오늘이라는 선물을 거부한다. 지금이라는 과정을 외면하려 한다. 오직 기복을 통해 내가 원하는 미래만을 얻고 싶은 거다. 분노와 두려움 속에서도 기복에 더욱 의지하는 이유다. 기복 속에서 보내는 불안의 시간이다.

나는 기도한다. 요즘도 기도하고 옛날에도 기도했다. 기도는 과거, 현재, 미래에 대한 감사로 이루어진다. 그 시간을 통해 신이라 불리는 존재에 감사하고, 그 감사를 통해 그와의 연결을 느낀다. 의대 입시를 준비할 때 내 기도는 이러했다.

'하느님, 부처님, 조물주님, 지금까지 하루 12시간씩 공부하게 해주셔서 감사합니다. 그러면서 점점 실력이 향상된 오늘의 저의 모습에 감사합니다. 앞으로 30년 뒤 의사나 의료사업가, 혹은 보건업이나 보건 정책 쪽에 일을 하면서 저에게

오는 분들께 건강과 행복을 전할 수 있음에 감사합니다. 덕분에 어제 몰랐던 수학 문제가 풀리고 있습니다. 제 실력이 향상되고 있는 오늘에 감사합니다.'

10억 원의 빚을 지고 강남에 개업을 했을 때, 불안한 마음에 마포대교에 간 적이 있었다. 흐르는 강물을 보며 나는 두려움이 아닌 설렘을 느꼈다. 그때도 기도를 했다.

'하느님, 부처님, 조물주님, 15년간 의학을 공부하고, 의료와 의료 서비스를 경험하면서 많은 기본기를 쌓게 해주셔서 감사합니다. 그러면서 지금 개원의로서 독립적 진료를 할 수 있는 앎이 있음에 감사합니다. 앞으로 20년 이상 저에게 오실 고객분들께 행복한 웃음을 전할 수 있음에 감사합니다. 덕분에 마포대교 위가 무섭지 않네요. 가슴이 설레고 있습니다. 감사합니다.'

그런데 이제는 알고 있다. 그 하느님, 부처님, 조물주님이 누군지 알기에 기도의 첫 문구가 바뀌었다. 요즘 나는 이렇게 기도한다.

'나의 마음아, 과거, 현재, 미래의 하영이가 늘 감사해하고 있어. 지금 이 순간도 그래. 너무 고맙고 감사해. 늘 나와 함께 해주길 바라. 그리고 알고 있어, 이미 우리가 연결되어 있음을.'

기도는 나와 내 무의식과의 연결이다. 그 연결 속에서 마음이 주는 현실을 허용하는 시간이다. 그 감사한 허용 속에서 오늘을 개즐소충하려는 나의 다짐이 기도다. 감사의 허용을 통해 내 마음이 감사로 물들고 있다. 그러면 나는 안다. '아 곧 감사와 함께 할 삶을 선물로 받겠구나.'

감사의 기도 속에서 우리는 성장하고, 그 시간 속에서 세상이 원하는 결과와 이어지게 된다. 그 세상이 나의 마음이며, 내 마음을 감사로 물들임이 바로 Pray다. '이거 해주세요, 저거 해주세요'라며 혼자 떠들며 노는 것은 Play다. 그러니 기복하며 혼자 놀지(play) 말고, 내 마음과 교감(pray)하며 감사하자. 그 감사의 시간이 기도의 축복이다.

11 명상을 통한 전환

매년 새해가 되면 꼭 하는 결심이 있다. 다이어트다. 올해는 꼭 몇 킬로그램을 빼야지 다짐한다. 식단을 조절하고, 안 하던 운동을 시작한다. 야식을 끊고, 다이어트 관련 유튜브를 시청한다. 주변 사람들에게 다이어트를 선언하고, 스스로 다이어리도 작성한다. 그렇게 3일을 보낸다. 그리고 포기한다. 그러면 또다시 결심한다. 날씬한 연예인 사진을 책상 앞에 붙여놓고 그들을 질투하며 하루를 보낸다. 그 부러움 속에 치맥을 한 잔한다. 다이어트는 꿈같은 이야기라 생각하며 내년 새해를 기다린다.

우리는 식욕이라는 기본적 본능을 가지고 있다. 식욕, 성욕, 수면욕은 인간이 태어나면서부터 가진 원초적 욕구다. 이 욕구는 평생을 따라다닌다. 욕구의 근원이 개체유지의 본능이기 때문이다. 우리는 스스로를 보호하고 유지하기 위해, 식사를 하고 잠을 잔다. 종족 보존을 위한 성욕도 가지고 있다. 개체를 유지하고 종족을 보존하려는 욕구가 없다면 인류는 지금처럼 지구상에 존재할 수 없다. 인간의 기본적 욕구는 지금의 나를, 지금의 여러분을, 지구상의 인류를 가능케 했다. 그 식욕을 억누르는 건 우리의 본능에 반하는 행위다. 다이어트가 쉽지 않은 이유다.

욕구에 집착이 더해지면 욕망이 된다. 식욕은 일종의 욕구다. 그 식욕에 더 좋은 것, 더 맛있는 것, 더 비싼 것의 집착이 붙으면 식욕은 욕망이 된다. 욕망의 전제는 비교다. 남들보다 더 좋은 것을, 더 많이, 더 자주 먹고픈 욕망이 우리의 식욕이 된다. 그 식욕은 식탐이 되어 나의 만족보다 더 많이, 더 자주, 더 오랫동안 먹는 과정을 밟는다. 그 시간 속에서 다이어트는 희망 고문이 된다. 식탐을 충족하고, 다이어트를 위해 먹은 것을 토하는 사람들도 많다. 그리고 그들은 허기진 배를 또다시 욕망과 탐욕으로 채우게 된다.

생태계의 다양한 동물들이 있다. 그들도 식욕이 있다. 그런데 그들은 식욕을 채우면 다른 즐거움을 즐기며 산다. 내가 좋아하는 소도 그렇다. 배고프면 풀을 뜯고, 배부르면 그만둔다. 그런데 인간은 다르다. 배고프면 밥을 먹고, 배불러도 더 먹는다. 욕망을 충족하는 인간의 모습이다. 더 나아가 탐욕을 부리면, 남의 것도 더 먹는다. 나눔이라는 것은 식탐 속에서 사라진다.

다이어트에 성공하는 방식은 간단하다. 욕망하고 있음을 알아차리는 거다. '식사 명상'을 통해서다. 나는 식사 명상을 자주 한다. 식사 명상은 이름은 거창하지만 별거 아니다. 식사하는 동안 우리의 오감을 다 느껴 보는 거다. 눈앞의 깍두기 색깔을 자세히 보고, 그 속에 있는 고춧가루의 빨강을 바라본다. 그것을 씹을 때의 식감을 느껴보고, 귓속으로 들리는 아사삭 소리도 들어본다. 그 소리 속에서 느껴지는 깍두기의 알싸한 맛을 느껴보고, 그 향을 기억한다. 우리의 오감, 즉 시각 청각 후각 촉각 미각의 전 감각을 다 써서 식사를 한다. 그러면서 식사를 하는 나를 바라본다. 즐겁게 식사를 즐기고, 건강하게 음식을 먹는 모습이 보이기 시작한다. 내가 무엇을 먹고 있고, 얼마큼 먹고 있으며, 어느 정도 배가 차고 있는지의 알아차림이 생기기 시작한다. 그 알아차림 속에서 식욕이 채워지는 만족감을 느끼고, 그 만족감은 감사와 행복으로 전환된다.

욕구는 채워질 때 만족을 느끼고, 욕망은 충족될 때 부족을 느끼게 된다. 남보다 더 많이 먹으려는 욕망보다 나의 식욕이 채워지고 있음을 알아차릴 때 우리는 만족하게 된다. 욕망이라는 생각에 사로잡혀 있을 때, 우리는 더 먹게 된다. 하지만 욕구의 채움을 알아차리면 우리는 절대로 과식하지 않게 된다. 오감을 알아차리는 우리 몸에 대해 감사함을 느끼기 때문이다. 그 시간 속에서 다이어트는 일상이 되고, 건강한 식습관마저 자리 잡게 된다. 식사 명상으로 다이어트를 하면 절대로 실패하지 않는 이유다.

명상이 다이어트에만 도움이 될까? 수험생에게도 도움이 된다. '공부 명상'을 통해서다. 나는 의대 공부를 할 때, 공부를 하면서 공부 명상을 했다. 내가 무엇을 알아 가고 있고, 내가 무엇을 모르고 있는지를 알아차리는 시간을 반드시 가졌다. 단순히 암기하고, 복습하는 시간이 아니라, 그 속에서 나를 알아가는 시선을 만들었다. 무엇을 알고, 무엇을 모르는지, '무지의 지'에 대한 앎, 그 메타인지의 시선을 공부 명상을 통해 만들어 갔다. 그 시간 속에서 공부는 일상이 되었고, 건강한 공부법마저 자리 잡게 되었다. 3개월 재수를 해서 의대에 합격하고, 그 의대에서 1등급(상위 10%)으로 졸업을 한 이유다.

명상하면 달라진다. 그 달라짐이 일상이 될 때, 삶은 이미 변해 있다. 한 사람으로 살아가는 것이 아닌 두 사람으로 살기 때문이다. 그때 우리는 인간이 된다. 사람에서 인간으로의 전환은 이 명상을 통해서다. 인간은 사람 인(人), 사이 간(間)이다. 사람의 사이가 인간이라는 말은 두 명의 사람이 필요하다는 뜻이다. 그것이 한 명의 나와 또 다른 나를 의미한다. 두 명으로 사는 삶, 명상의 삶이다. 더 건강하게, 더 행복하게, 더 성공적으로 살아가는 나의 방식이다. 백짓장도 맞들면 낫듯이, 혼자 살 때보다 둘이 살 때가 외롭지도 않고 더 즐겁다. 세상을 보는 나와, 그 나를 바라보는 또 다른 나. 사람과 사띠(알아차림)의 동행이 명상을 통해 이루어진다. 다이어트의 성공을 넘어 건강하고 행복한 삶의 시작, 그것이 명상이다. 명상을 통한 알아차림, 그 시간 속에서 우리의 매일은 생일이 된다. 우리는 항상 새롭게 태어난다.

Happy Birthday to me.

3장

관계의 가지를 확장하다

그들의 말을 존중하되,
그들의 간섭을 허용하지 마라.

1 관계의 시작

: '니드'의 사랑, '기브'의 사랑

　여러분은 어떤 사랑을 하고 있는가? 지금 옆에 사랑하는 사람이 있는가? 사랑하는 사람은 나에게 어떤 의미일까? 한번 생각해보자. 우리가 생각하는 사랑은 '결핍'의 사랑이다. 내 마음의 결핍이 그를, 그녀를 필요로 한다. 외로워서 만나는 거다. 우리는 혼자 있는 시간, 고독의 시간을 견디지 못하기 때문이다. 그 시간이 나에게 결핍이 되어 외로움을 만든다. 내 마음이 결핍으로 채워질 때, 나는 외로움을 느끼고, 그 외로움이 괴로움으로 바뀌고, 괴로움은 불행으로 이어진다. 그 외로움을 채우기 위해 우리는 사랑을 하고, 그 사람을 필요로 한다. 그 형태가 'I need your love'이다. 바로 니드(need)의 사랑이다. 로맨틱 영화나 TV 드라마, 소설이나 노래 가사에 등장하는 사랑의 형태다. 우리가 부르는 발라드 곡의 대부분은 이 니드의 사랑을 소재로 한다.

    니드의 사랑은 결핍을 전제로 하기에, 우리는 그를 필요로 하고, 그녀를 내 것으로 만들려고 한다. 마음의 결핍을 연인의 소유로 채우려는 거다. 그러니 사랑에 집착하게 되고, 소유에 강박하게 된다. 그 집착과 강박이 우리를 괴롭힌다. 내 소유인데, 내 말대로 행동하지 않으니 화가 나고, 내 뜻대로 변하지 않으니 분노마저 생긴다. 내 소유인데, 나를 떠날까, 나를 버릴까 불안해한다. 그래서 결핍의 사랑은 늘 두렵다. 그래서 그 사랑은 괴롭다. 사랑의 시작점이 외로움이기 때문이다.

    여기 또 다른 사랑이 있다. 바로 '존재'의 사랑이다. 그 사람의 존재만으로 그를 사랑하는 거다. 무언가를 받기 위해서, 나의 외로움을 위해, 사랑받기 위해서 그를 사랑하는 게 아니다. 그의 성장과 행복을 빌어주는 사랑이다. 대표적인 것이 부모의 사랑이다. 자신이 부족함에도, 늘 자식에게 줄 수 있는 사랑이다. 나의 결핍을 자식으로 채우는 것이 아니라, 나의 결핍에도 자식을 행복하게 하는 사랑이다. 그 사랑의 형태는 'I give you love'이다. 바로 '기브'의 사랑이다. 기브의 사랑은 그를 행복하게 하고, 그가 행복해지면 나도 행복해진다. 모두

가 행복해지는 사랑이다. 그것이 존재의 사랑이고, 감사의 사랑이다. 소유의 사랑, 결핍의 사랑과는 전혀 다른 사랑이다.

나는 아이스 아메리카노를 좋아한다. 요즘 말로 '얼죽아'다. 내가 커피를 좋아하는 이유는 하나. 커피의 맛과 향, 주문할 때의 기다림, 마신 뒤 찾아오는 여운의 '좋음' 때문이다. 그렇다고 커피가 나를 사랑하길 바라지 않는다. 나를 사랑하지 않는 커피를 나는 여전히 사랑한다. 사람도 마찬가지다. 누군가를 사랑할 때, 사람을 사랑하는 그 느낌을 좋아한다. 생각하면 설레고, 만나면 행복하고, 헤어지면 아쉽다. 그리고 그 사람이 잘되기를 진심으로 바라고 있다. 도움이 되는 이야기를 해주기도 하고, 실제로 도움이 되는 행위를 같이하기도 한다. 아픔을 나누기도 하고, 즐거움을 공유하기도 한다. 그것이 내가 하는 사랑이다. 그녀가 나를 사랑하면 더 행복하지만, 그녀가 나를 사랑하지 않아도 나는 그녀를 사랑할 수 있다. 커피 같은 사랑이다. 내가 사랑할 수 있는 존재가 있음에 감사하고 사랑할 수 있다. 언젠가 그녀가 나의 사랑을 부담스러워하고, 나의 사랑을 바라지 않을 때까지, 나는 그녀를 사랑할 수 있다. 그것이 존재의 사랑이다.

"인간이 불행한 이유는 방 안에서 혼자 시간을 보내지 못하기 때문이다."

파스칼의 《팡세》에 나오는 이야기다. 인간은 고독을 싫어한다. 고독은 혼자 있는 시간을 의미한다. 이 고독에 부정적 감정을 담은 것이 외로움이다. 그 외로움이 괴로워 우리는 사랑을 시작한다. 결핍의 진통제로 그녀를 만나는 거다. 그런데 외로움은 내 마음의 문제다. 외부 조건과 환경이 달라진다고 외로움이 사라지는 게 아니다. 내면의 문제를 외부에서 해결할 수 없다. 그래서 우리의 외로움은 사랑으로 채워지지 않는다. 홀로 있는 외로움보다 같이 있는 외로움이 더 커질 수도 있다. 이때, 인간은 더 큰 괴로움에 빠진다. 이혼하는 사람들이 말하는 괴로움이다. 외로움은 사람으로 채울 수 없다.

외로움은 사람으로 해결하는 게 아니다. 외로움은 사랑으로 해결해야 한다. 그 사람에 대한 사랑, 그 사랑의 마음이 나의 내면을 따뜻하게 한다. 그 사랑에 감사하고, 그 사람이 잘 되기를 바라는 마음이 나의 내면을 긍정으로 채색하고, 감사로 물들인다. 그때 내 마음이 변하게 된다. 내면의 문제는 마음에서 해결해야 한다. 그것이 존재의 사랑이다. 그래서 존재의 사랑은 그도 행복하고 나도 행복해지는 사랑이다.

니드가 아닌 기브의 사랑, 받는 사랑이 아닌 주는 사랑. 그 사랑이 나를, 우리를, 세상을 행복하게 한다. 커피를 사랑하듯, 그를 대해보자. 그의 향기가 커피 향으로 변할 것이다. 이 글을 쓰는 노트북 옆에 커피가 나를 바라보고 있다. 존재만으로도 사랑스럽다.

2 관계의 과정

: 배신의 역설

"여자 친구가 배신했어요."

한 구독자님의 메일이다. 1년간 사랑했던 여자 친구가 자기를 배신하고, 다른 남자와 결혼을 하게 되었다는 사연이다. 그때 내가 답한 내용이다.

> "연애하다가 헤어졌을 때는 배신했다는 말을 하면 안 됩니다. 연애하다가 헤어졌을 때는 그동안 나와 좋은 시간 보내줘서 고마워해야 합니다. 사람은 누구나 만날 수 있고 헤어질 수 있습니다. 연애를 시작하고 끝낼 수 있습니다. 선생님이 그녀를 사랑할 때, 선생님의 마음은 그녀를 사랑한다는 느낌으로 가득 차 있습니다. 하지만 그 사랑을 꼭 그녀

가 받아주고, 그녀도 선생님을 사랑할 의무는 없습니다. 선생님이 사랑할 자유가 있는 만큼, 그녀도 자유가 있습니다. 내가 사랑하니 그녀도 사랑해야 한다는 것은 사랑이 아닙니다. 그건 사랑이 아닌 거래입니다. 배신은 없습니다. 배신은 선생님이 만든 착각입니다. 소유할 수 없는 것을 소유하려다보니, 소유는 안 되고, 소유욕만 남는 겁니다. 그 소유욕에 대한 집착이 배신이라는 단어를 만듭니다. 선생님은 배신당하지 않았습니다. 선생님은 배신을 만들었습니다."

우리는 관계 속에서 행복을 느끼고, 그 관계가 사라지면 괴로워한다. 85년간 진행된 하버드 의대의 행복에 관한 연구에서도 행복에 가장 큰 영향을 미치는 것은 인간관계라고 발표했다. 그만큼 행복에 있어 사람과의 관계는 중요하다.

다만 내가 원하는 대로 이루어져야 한다는 집착이 우리를 괴롭힌다. 내가 원하는 대로 그녀가 나를 사랑해야 하고, 내가 원하는 대로 그가 변해야 한다. 내가 원하는 대로 그녀는 나를 떠나면 안 되고, 내가 원하는 그가 내 곁에 있어야 한다. 만남, 연애, 결혼, 이별 등의 모든 관계 속에서 내 뜻대로 되어야 한다는 집착이 깔려 있다. 이 집착이 우리의 관계를 망치는 원인이 된다.

관계에서 가장 중요한 것은 세 가지다. 적응, 허용, 기브다. 먼저 적응은 상대에 대한 존중에서 시작된다. 존중의 본질은 서로가 다름을 인정하는 것이다. 내가 너와 다르기에 나와 너의 생각 또한 다를 수밖에 없다. 생각이 다르면 세상을 보는 관점도 달라지고, 그 관점에서 나오는 말과 행동 역시 달라진다. 이러한 다름을 인정하고, 상대를 존중할 때, 우리는 비로소 그 사람에게 적응할 수 있다. 적응은 '아 그렇구나, 나와 다르게 생각할 수 있구나'라는 알아차림이 있을 때, 시작된다.

반면, '내가 옳다'는 생각과 그 옳음에 대한 집착이 있을 때 우리는 상대에게 적응할 수 없다. '나는 옳고, 너는 틀리다'는 태도는 상대를 바꾸려는 시도로 이어질 뿐, 진정한 적응으로는 나아가지 않는다. 지금까지 살아온 환경, 교육, 경험, 기억 등이 나와 다르다는 것을 인정할 때, 우리는 상대에게 적응할 수 있다. 그것이 바로 '그렇구나'라는 알아차림이다.

두 번째가 허용이다. 상대가 나와 다르다는 것을 알면 이제 우리는 그를, 그녀를 받아들일 수 있다. 상대의 말을, 그의 행동을, 그녀의 생각을 허용한다는 것은 타인의 삶을 온전히 존중한다는 의미다. 그 허용이 바로 사랑이다. 사랑의 정의가 '완전한 허용'임을 안다면, 우리는 상대를 바꾸려 하지 않는다. 온전한 그 모습을 더욱 사랑하게 된다. 내가 원하는 모습을 사랑하는 게 아니라, 상대의 있는 그대로를 좋아하게 된다. 커피는 늘 아이스만을 고집하는 것이 아니라, 따뜻한 커피도 좋아할 수 있게 된다. 커피를 사랑하면 커피의 숨겨진 맛과 향도 경험하고픈 거다. 이상형에 집착하지 않고, 내 곁의 그녀를 사랑하게 된다.

마지막이 기브다. 기브는 주는 것이다. 우리는 줄 때 주인이 되고 받을 때는 노예가 된다. 사랑을 받으려 애쓰기보다는 사랑을 줄 때, 우리는 사랑의 주인이 된다. 그 주인의 여유를 지닌 채, 상대에게 더 많은 사랑과 관심을 건넬 수 있다. 반대로 사랑을 받으려 할 때는 집착이 생긴다. 그 집착이 사랑을 소유하고 싶게 만들고, 결국 소유할 수 없는 것을 소유하려고 하니 소유욕만 남는 거다. 그 욕망이 헤어짐을 부르고, 우리는 배신이라는 단어를 만들어 그녀에게 족쇄를 씌워버린다. 하지만 그녀는 배신하지 않았다. 배신이란 말은 우리가 만들어낸 것이다.

상대가 나와 다름을 알고, 그 모습을 온전히 받아들이고, 그 허용 속에서 많은 사랑과 관심을 주려고 할 때, 우리는 오랫동안 좋은 관계로 지낼 수 있다. 이것은 단순히 연인 관계에만 해당되는 것이 아니다. 부모와 자식과의 관계, 부부 관계, 친구 관계 등 다양한 인간관계의 핵심이다. 적응, 허용, 기브의 자세를 지닌 채 상대를 바라보자. 윤활유 같은 접착제의 관계가 어느새 만들어진다. 그 속에서 우정도, 사랑도, 신뢰도 쌓여감을 알게 될 것이다. 그것이 관계의 시작이고 행복의 출발이다.

3   관계의 소멸

: 이별은 감사로 끝나야 한다

> "날 세상에서 제대로 살게 해줄 유일한 사람이 너란 걸 알아. 나 후회 없이 살아가기 위해 너를 붙잡아야 할 테지만."

임재범의 〈너를 위해〉 가사다. 2000년에 나온 이 노래는 다양한 가수들에 의해 리메이크 되었고, 수많은 남성의 노래방 애창곡으로도 유명하다. 절절한 가사 중 유독 기억에 남는 부분이 여기다. '후회 없이 살기 위해 너를 붙잡아야 한다.' 과연 누구를 위해 붙잡는 것일까? 너를 위한 것일까? 내가 후회하지 않기 위해 너를 필요로 하는 건 사실 나를 위해 너의 사랑을 요구하는 거다. 나를 제대로 살게 해주기 위한 유일한 사람이 너라는 건, 나를 위해 네가 존재해야 한다는 이기심이다. 로맨틱 가사를 뜯어보면 그 속에는 이런 이기심이 자리 잡고 있다. 너를 위한 노래는 사실 나를 위한 노래다. 그리고 그것이 우리의 사랑 방식이다.

우리는 살면서 누군가를 사랑하기도 하고, 이별하기도 한다. 결혼하기도 하고 이혼하기도 한다. 만남은 늘 이별을 전제로 하기에 만남과 헤어짐은 자연스러운 현상일 뿐이다. 물론 이혼하지 않고 결혼 생활을 유지하는 사람도 있지 않느냐고 반문하는 분들도 있다. 하지만 인간은 이혼이 아닌 죽음을 통해서도 헤어진다. 시기가 다를 뿐이다. 중요한 것은 이별 자체가 아니다. 그 이별에 대한 해석이다. 어떻게 그 이별을 볼 것이냐에 따라 우리 삶은 완전히 달라진다.

우리는 사랑하며 사귀고, 미워하며 헤어진다. 행복 속에 결혼하고 분노하며 이혼한다. 만남은 긍정이지만, 이별은 부정이다. 하지만 우리가 헤어짐을 부정적으로 바라보고, 그 감정을 담아 이별을 대할 때 많은 문제가 발생한다.

상대를 미워하며 이별할 때, 우리의 만남은 상실이 된다. 그 상실의 시간은 인생의 빚이 되어 또 다른 관계에 영향을 미친다. 빚은 한 사람의 선입관이 되어 또 다른 사람을 잘못 비추는 관점이 된다. 상실의 빚이 과거의 시간도 없애지만, 미래의 관계도 사라지게 한다.

상대에 감사하며 이별할 때, 우리의 만남은 경험이 된다. 그 경험의 시간은 인생의 빛이 되어 또 다른 관계에 영향을 미친다. 빛은 한 사람의 그릇이 되어 또 다른 사람을 허용할 수 있는 시선이 된다. 경험의 빛은 과거의 시간을 추억으로 만들고, 미래의 관계도 넓어지게 한다. 그래서 누군가와 헤어질 때는 그 사람과의 시간에 감사해야 한다. "너를 만나는 3년 동안 나는 참 행복했어. 그 시간을 만들어줘서 너무 고마워. 지금 우리가 이런 이유로 헤어지지만, 그 시간을 감사로 간직할게." "여보, 당신과 살았던 10년의 시간 너무 행복했다. 당신 덕분에 애도 낳고, 양육도 해보고, 그 즐거운 시간을 갖게 해줘서 너무 고마워. 우리가 이렇게 헤어지지만, 난 그 10년의 시간을 감사함으로 간직할게." 헤어짐은 감사의 말로 끝맺어야 한다. 우리는 사실 남을 위해 사랑하지 않기 때문이다. 나를 위해 사랑하고 있다. 그 이기심에 대한 마지막 배려를 헤어짐에 남겨야 한다. 그것이 최소한의 예의다.

우리는 '나를 위해' 누군가를 사랑한다. 그리고 '너를 위해' 사랑한다고 속삭인다. 그래야 상대도 나를 사랑하기 때문이다. 나를 위해 그를 사랑하고, 나를 위해 그가 나를 사랑해야 한다. 내가 상대를 좋아하는 감정, 사랑하는 그 기분이 좋아서 우리는 사랑을 시작한다. 그리고 그 사랑에 대한 보상을 받기 위해서, 즉 사랑받기 위해 우리는 상대에게 사랑을 속삭인다. "너를 위해"라고.

하지만 우리는 알고 있다. 사랑하는 느낌이 좋아서, 그리고 사랑을 받는 느낌이 좋아서 우리는 사랑한다. 둘 다 '나를 위해'서다. 그 속에 '너를 위해'는 없다. 너를 위한다는 착각과 너의 사랑에 대한 기대만이 존재한다. 그리고 그 착각과 기대 속에서 '너를 위해'를 부르고 있다.

20대의 사랑, 30대의 사랑, 40, 50, 60대 이후의 사랑도 마찬가지다. 우리는 나를 위해 사랑을 하고, 나를 위해 이별을 한다. 이별의 이유는 두 가지다. 너를 사랑하는 느낌이 이제 설레지 않을 때, 그리고 너의 사랑이 나의 기대에 못 미쳐서다. 상대는 가만히 있는데 나의 감정이 줄어서 이별하고, 상대는 똑같은데 나의 기대로 헤어진다. '기대'를 거꾸로 말하면 '대기'다. 실망을 대기하는 것이 기대다. 기대가 많을수록 실망이 커지고, 실망이 커질 때 사랑의 감정도 줄어든다. 그리고 그 속에 '너'는 거의 없다.

모든 과정 속에는 '나'만이 가득하다. 그래서 '우리의 사랑'은 사실 '나의 사랑'이다. 이것은 남자든 여자든 남편이든 부인이든 똑같다. 그러니 꼭 기억하자. 헤어짐은 고마움 속에서 하는 거다. 그것은 만남의 시간 속에서 이기적 사랑을 한 내가 상대에게 전하는 마지막 고마움이다. 사실 이 고마움도 그 기저에는 나를 위한 것임을 알고 있다. 하지만 어쩌겠는가? 인간은 그렇게 태어났고, 모든 인류는 마음의 밑바탕에 이기심을 깔고 있다. 부처님이나 예수님이 아닌 이상 우리는 늘 이기적 사랑과 나를 위한 이별을 한다. 그러니 마지막은 꼭 상대에 대한 감사로 끝맺자. 그것이 예의다.

4   관계에 대한 고민은
삶을 성장시킨다

한 강연장에서 30대 여성이 손을 들었다.

"작가님, 저는 이제 서른여덟 살입니다. 곧 마흔을 바라보는데, 집에서 매일 결혼하라는 잔소리를 듣고 있습니다. 동기나 친구들은 이미 결혼해서 아이까지 낳았고, 그들의 삶이 부럽기도 합니다. 그렇다고 제 인생이 나쁜 것도 아닙니다. 대기업 팀장을 맡고 있고, 매일 필라테스로 건강과 몸매를 관리하며, 1년에 서너 번씩 해외여행도 갑니다.

저는 지금의 싱글라이프에 만족합니다. 그런데 왜 주변에서는 계속 결혼을 강요하고, 저는 왜 그 말을 들을 때마다 흔들릴까요? 결혼은 꼭 해야 하는 걸까요?"

결혼에 대한 질문은 어렵다. 나도 해보지 않았고, 질문한 그녀도 해보지 않았다. 결혼을 경험하지 않은 둘이서 결혼에 대해 논하는 것은 마치 바나나를 한 번도 먹어보지 않은 사람끼리 바나나의 맛에 대해 이야기하는 것과 다를 바 없지 않을까. 다만 한 가지는 확실하게 말해줄 수 있다.

"원하는 대로 하시면 됩니다."

결혼하고 싶으면 하면 되고, 하기 싫으면 안 하면 된다. 제일 큰 문제는 이미 안 하는 선택을 했으면서, '결혼하면 어떨까'라는 고민 속에 빠져 있다는 것이다.

행위가 선택에 우선한다. 결혼이 좋았으면 그걸 선택하고 유부녀가 되었을 것이다. 그런데 싱글인 삶을 스스로 선택해서 지금 잘 살고 있으면서 다른 선택지를 부러워하고, 그곳에 더 큰 행복이 있지 않을까 고민한다. 우리가 선택을 하면 그 선택에 책임을 지면 된다. 싱글의 삶을 선택했으면 그 선택을 긍정하면 그만이다. 그런데 선택을 했는데, 결과를 책임지지 않으려는 욕심이 이런 고민을 만드는 거다. 이미 싱글로 사는 행위 자체가 결혼 선택에 대한 결과임을 알 때, 우리가 할 일은 싱글의 삶을 긍정하며 사는 거다. 행위가 선택에 우선한다는 것은 이미 싱글의 삶이 선택의 결과라는 것이고, 그 선택을 했으면 싱글의 삶을 긍정하면 되는 것이다. 가장 하수는 선택을 하고 반대의 선택을 동경하는 것이다. 그리고 그 삶을 부러워하며 늘 고민하고 있다.

어떤 선택이든 후회가 따라온다. 후회 없는 선택은 없다. 하지만 그 후회를 긍정할 수 있는 알아차림이 있으면 후회는 또 다른 경험이 된다. 혼자 살 때는 그 삶의 긍정과 부정이 있고, 결혼을 하면 결혼 전과 비교할 수 없는 행복과 불행이 있다. 그런데 우리는 늘 부정 없는 싱글을 원하고, 불행하지 않은 결혼 생활을 원한다. 혼자 살 때는 외로움이 없어야 하고, 같이 살 때는 괴로움이 없어야 한다. 그래서 싱글 생활은 힘들고, 결혼 생활도 두렵다. 삶의 부정성을 껴안으려는 책임감이 없기 때문이다.

선택을 하면 책임을 지고, 그 선택을 긍정하면 그만이다. 그 책임을 지는 과정에서 우리는 반드시 성장한다. 싱글은 외롭지만, 삶의 기본기를 쌓기에 너무 좋다. 독서, 운동, 명상은 고독의 시간 속에서 하는 것이다. 결혼도 행복하지만, 그 속에서 관계의 경험을 하기에 너무 좋다. 결혼한 사람과 그렇지 않은 사람의 고민은 확연히 차이가 난다. 그것이 바로 관계에 대한 고민이다.

결혼한 사람들은 90% 이상이 새로운 관계에 대한 문제를 갖고 있다. 싱글들은 전혀 고민하지 않는 것들을 그들은 고민한다. 배우자에 대한 고민, 자녀에 대한 걱정, 시부모님 혹은 장인 장모님에 대한 불만이다. 결혼하지 않았으면 절대로 할 수 없는 고민을 그들은 하고 있다. 결혼 생활의 행복만큼, 전혀 다른 고민이 괴로움으로 등장한다. 그 관계 속에서 새로운 고민을 해결하면서 부부는 성장하고 부모로 성숙해진다.

    나는 비혼주의도 아니고, 그렇다고 결혼에 집착하지도 않는다. 다만 비혼 상태에 있을 뿐이다. 그 상태는 내가 선택한 것이기에, 지금의 삶을 긍정하며 살고 있다. 고독이 주는 고요함을 즐기고, 그 고독 속의 외로움을 알아차리고 있다. 외로움의 가치를 재정립하고, 그것을 타인으로 채우려 하지 않는다. 내가 나 스스로를 사랑하고 지지하기에 별로 외로움을 느끼지 못한다. 외로움은 혼자 있어서 느끼는 감정이 아니다. 외로움은 같이 있는 사람이 싫을 때 느껴진다. 몇십 년을 같이 산 부부도 외로움을 느낀다. 이혼 전에는 그 외로움이 극에 달한다.

    나는 49년을 나와 함께 살고 있다. 내가 싫지 않기 때문에 나를 지지하고 사랑한다. 그 시간 속에서 외로움을 잘 못 느낀다. 오히려 그 고독의 시간 속에서 명상을 즐기며 또 다른 나를 만나고 있다. 언젠가 지금의 삶을 변화시키기에 너무 좋은 상대가 나타나면 생각이 달라질 수 있다. 내 삶을 변화시키고, 새롭게 적응할 그녀가 있다면, 그때는 다른 글을 쓸 수도 있다.

결혼은 적응하는 것이다. 그 적응 속에서 더 성장하고, 한층 성숙할 인생을 꿈꾸기도 한다. 그때 그런 선택을 한다면 나는 기꺼이 그 선택을 긍정하고 책임질 것이다. 다만 지금은 지금의 삶이 좋다. 싱글의 삶을 긍정하면, 이 속에서 느껴지는 즐거움과 행복도 많다. 그러니 선택하고 긍정하자. 그리고 그 긍정 속에서 다른 선택을 부러워하지 말자. 다른 선택도 후회를 포함한다. 그리고 알고 있는가? 선택한다는 것은 그것의 득과 실이 비슷하다는 것을 의미한다. 득이 실보다 크면 이미 했을 것이고, 실이 크다면 고민도 안 할 것이다. 그러니 선택에 고민 말고, 선택을 긍정하자. 결혼도, 싱글도 둘 다 당신의 선택이다. 싱글도 즐거운 것이고, 결혼도 행복한 것이다. 그러니 정답은 하나다. 선택하고, 긍정하고, 고민 말고, 행복하자.

5   깊은 상실을 이겨내는 법

 2022년 5월 12일, 엄마가 돌아가셨다. 엄마는 폐암으로 투병 중이었다. 돌아가시기 3개월 전부터 병세가 급격히 악화되었고 검사를 위해 병원에 입원한 5월 9일, 심정지가 발생했다. 결국 중환자실에서 사흘을 버티시다 운명하셨다. 어버이날을 나와 함께 보내시고, 바로 다음 날 심장이 멎었다.

 엄마가 떠난 후, 나는 3개월 동안 아무것도 할 수 없었다. 책을 읽어도 글자가 들어오지 않았고, 운동을 해도 발이 무거웠다. 명상은 슬픔으로 가득 찼고, 술을 마셔도 기분이 풀리지 않았다. 삶의 모든 것이 무너지는 느낌이었다. 그동안 쌓아온 단단함도 소용이 없었다. 시간은 그렇게 흘러갔다.

 힘들었다. 엄마가 없는 세상이 외로웠고, 갑작스런 죽음이

황망했으며, 더 못한 것에 후회했다. 인생에서 가장 긴 3개월이었다. 그리고 그 시기를 겪으면서 알게 된 사실이 있었다. 엄마의 죽음은 슬픈 것이지만, 나를 괴롭힌 것은 슬픔이 아니었다. 내가 괴로웠던 이유는 다른 데 있었다. 내가 나를 괴롭히고 있었다.

엄마의 죽음, 더 나아가 가족의 죽음은 우리를 슬프게 한다. 그 슬픔이 우리를 힘들게 한다. 하지만 그 힘듦을 넘어선 괴로움이 발생하는 것은 다른 이유다. 바로 '상실', '후회', '착각' 때문이다. 가족의 죽음은 슬픈 것이지만, 그 슬픔을 넘어선 괴로움을 만들지 않는다. 괴로움은 내가 만들고 있다.

그 괴로움의 기저에는 가족의 상실이 있다. 내 가족이 사라지는, 죽음을 통해 나의 소유가 없어지는 괴로움이다. 세상에는 많은 죽음이 있다. 지금 이 순간에도 가난과 굶주림에 죽어가는 어린이가 있고, 전쟁터에서 꽃다운 청춘이 죽음을 맞이한다. 심지어 내 주변에도, 오늘도 부고가 날아온다. 하지만 그들 죽음에 슬픔이 생겨도, 그 죽음이 나를 괴롭히진 않는다. 그들은 내 소유가 아니라서 그렇다.

세상 모든 것은 사라진다. 탄생했기에 소멸한다. 그래서 소멸은 탄생을 전제로 한다. 나타난 것은 무조건 사라진다. 그래서 만물은 생주이멸(生住異滅)한다. 나타나고, 잠시 머물렸다가, 변화하고, 사라진다. 인간도 마찬가지다. 인간도 세상 만물이다. 세상이 생주이멸할 때, 인간은 생로병사(生老病死)한다. 인간도 '사'를 통해 소멸한다. 그 소멸하는 인간에 대해 우리는 누구나 슬픔을 느낀다. 그 속에는 두려움도 함께한다. 그의 죽음은 나의 죽음을 예정하기 때문이다. 하지만 인간의 죽음은 슬픔이지만 나에게 괴로움은 아니다. 그는 나의 것이 아니기 때문이다.

세상은 소모품이고 삶은 렌털이다. 모든 것은 내 것이 아니다. 잠시 나에게 머물렀다 가는 것이다. 그것이 가족이라도 마찬가지다. 가족은 나의 소유가 아니다. 하지만 내가 태어나는 순간부터 지금까지 부모와 가족은 늘 나의 가족이었다. '나의'라는 소유격이 그들을 나의 소유로 만들었다. 언어가 가진 마법이다. 우린 언어를 통해 세상에 인식되기 때문이다. 그 인식이 그런 세상을 펼쳐낸다.

부모는 나의 소유다. 그리고 그들의 죽음은 내 소유의 상실을 의미한다. 내 것의 상실은 슬픔과는 전혀 다른 감정이다. 타인의 죽음은 소멸이지만 내 것의 죽음은 상실이다. 그건 슬픔이 아닌 두려움이다. 나의 존재를 증명할 부모의 죽음은, 나의 정체성의 상실로 이어지며, 그 정체성의 상실이 스스로 존재에 대한 상실로 이어지는 거다. 그 두려움이 나를 힘들게 한다. 그래서 부모의 죽음은 단순한 소멸이 아니다. 그들의 소멸은 나의 상실이 된다. 슬픔에 상실이 더해질 때 괴로움은 나를 덮치게 된다.

이때 동반되는 감정이 후회다. 상실의 괴로움은 우리를 부정적 감정에 빠트린다. 그리고 그 마음의 부정성은 나를 과거 여행에 빠트린다. 현존하지 못하고 과거로 되돌린다. 더 잘해 드리지 못한 과거의 모습을 비추고, 싸우고 다퉜던 영상을 틀어주고, 화내고 성질내던 비디오를 재생시킨다. 영상의 되돌리기 기능을 이용해, 과거의 장면을 계속 비춰주는 거다. 그 시간을 통해 더욱 후회하는 나를 만들고 있다. 마음의 부정성이 부정적 현실을 만들고 있다. 그 후회는 반성이 아니다. 그것은 반성이 아닌 자학이다. 스스로 괴롭히는 어리석음이다. 후회한다고 달라지는 것은 없다. 괴로움만 남을 뿐이다.

그러면서 드는 생각이 지금의 죽음을 거부하고 싶다는 착각이다. 조금 더 오래 사셨으면 훨씬 행복했을 거라는 착각이다. 그 착각이 집착이 되고, 그 집착은 누군가에 대한 분노로 바뀐다. 의료진에게 분노하고, 형제에게 분노하고, 배우자에게 분노하고, 결국은 자신에게 분노한다. 그런데 나는 안다. 병원에서 오래 일해본 사람들은 알고 있다. 장병에 효자 없다. 자신이 효자라는 착각만 있을 뿐이다.

사람은 누구나 죽음을 맞이한다. 사실 죽음이 존재하는 이유는 하나다. 우리는 태어났기 때문이다. 태어났기에 죽는 거다. 그래서 사는 것은 곧 죽는 것이다. Living is Dying인 이유다. 그 죽음은 사라짐이다. 기꺼이 사라짐을 선택하는 것은 어쩌면 너무 당연한 일이다. 우리는 기꺼이 태어났기 때문이다.

그래서 우리에겐 존엄사의 권리가 있는 거다. 소멸에 대한 자유는 한 인간의 마지막 자유다. 나는 그 자유를 지켜드렸다. 나는 연명치료를 거부하고 존엄한 죽음을 맞이하게 해드렸고, 엄마의 죽음을 슬픔으로 받아들였다. 엄마는 엄마로서, 나의 소유가 아닌 온전한 '이영'으로 세상을 살다가 당당히 죽음을 맞이했다. 그래서 그 죽음은 슬플 뿐이다. 나는 이제 더 이상 괴롭지가 않다. '상실감'이 사라졌고, '후회'하지 않으며, '착각'에서 벗어났다. 몸에서 자유로워진 엄마만큼, 나도 괴로움에서 벗어났다. 그리고 이제는 말할 수 있다. 웃으며 보내드릴 수 있다.

"엄마, 안녕."

6   '우리'라는 말의
진짜 의미

어머니가 돌아가시고 조문객을 맞이했다. 한 분 한 분 조문을 하시고 나와 맞절을 한 뒤, 위로의 말씀을 전하고 자리를 떠났다. 깊은 슬픔 속에서 들었던 그들의 이야기는 아직 내 머릿속에 남아 있다. 그 모습이 내 마음에 각인되었다.

대학 선배인 상호 형도 내 기억에 남아 있다. 그는 조문을 한 뒤 나에게 이렇게 말해주었다.

"하영아. 힘내라. 그런데 난 지금 이게 어떤 감정인지 도저히 상상조차 할 수 없다. 나는 부모님이 다 살아계시고 이런 경험이 없으니 무슨 말을 해야 할지도 잘 모르겠다."

그렇게 몇 초 어머니의 영정사진을 본 뒤, 내 등을 토닥여주었다. 그때의 모습과 눈빛이 아직 기억에 선명하다.

우리는 자신이 경험한 만큼 슬퍼할 수 있다. 슬픔은 주관적이라 타인의 슬픔을 경험할 수 없다. 그래서 저마다 슬픔은 다르다. 삶의 시간과 경험은 각자의 것이기에, 나의 슬픔과 너의 슬픔은 같지 않다. 눈물은 하나지만, 그 색채와 농도는 다르다. 그 주관적 슬픔을 우리는 공감이라는 말로 포장하지만, 공감이 타인의 감정을 느끼는 건 아니다. 내가 느끼는 내 감정일 뿐, 상대의 감정은 아니다.

그 공감이라는 착각 속에서 우리는 타인을 이해한다고 망상한다. 나의 슬픔을 기준으로 남을 이해하고 조언하고 격려한다. 상호 형은 거기에 솔직함을 더했다. '어떤 감정인지 상상조차 할 수 없다'는 그의 이야기에 오히려 더 큰 위로를 받았다.

우리는 상대를 이해할 수 없다. 우리는 타인을 오해하는 존재고, 공감한다는 말로 그들을 대하고 있다. 이 앎이 인간관계의 출발점이다. 우리는 늘 우리의 입장에서 그들을 판단하고 해석하고 있다. 그래서 그의 입장에서 그의 감정을 실감하진 못한다. 나는 그가 될 수 없고, 그도 내가 될 수 없다. 그래서 우리는 다른 것이다. 이 다름에 대한 인정이 모든 인간관계를 해결해주는 핵심이다. '무슨 말을 해야 할지 잘 모르겠다'는 말은 당연한 것이다. 우리의 본질은 다름이기 때문이다. 우리가 다르기에 '우리'라는 단어가 존재하는 거다. 우리가 다르지 않다면 '나들'이라는 단어가 있을 것이다. 우리는 우리다. 우리는 나들이 아닌 다름이다.

7 어른이란
자신이 누구인지 아는 사람이다

    나는 곧 쉰 살을 바라보고 있다. 한국 나이가 만 나이가 되면서 아직은 40대지만, 누군가 나이를 물어보면 몇 살이라고 말해야 할지 망설여진다. 그래서 그냥 "76년생입니다"라고 대답한다. 오히려 그 말이 더 정확하게 전달될 때도 있다.

    40대까지는 나이가 정말 중요했다. 한두 살 차이에 형, 동생이 나뉘고, 술을 사고 밥을 사야 했다. 그 나이 차이 하나로 선배가 되고, 어쩔 수 없이 조언자가 되어야 하며, 때때로 인생 멘토 역할도 해야 했다. 존칭과 예의, 리액션의 정도까지도 나이에 따라 달라졌다. 한국 사회에서 나이라는 숫자는 단순한 숫자가 아니라 관계의 질서를 결정짓는 기준이다.

    그러다 문득 생각했다.

'50이 넘으면, 나이가 몇 살인지가 과연 중요할까?'

나이를 먹다 보니, 나이보다 더 중요한 것이 있다는 걸 깨닫게 된다. 성인이 된 이후로 더 중요한 것은 나이가 아니라 또 다른 의미의 '에이지(A.G.E)'다. A.G.E는 Awareness(알아차림), Gratitude(감사), Experience(경험)을 의미한다. 이 에이지가 있는 성인을 우리는 '어른'이라고 부른다.

AGE의 A는 Awareness, 알아차림이다. 내가 어떤 사람인지에 대한 스스로의 자각이 있어야 한다. 나를 바라보고, 나를 관찰하면서, 내가 어른의 자존감이 있는지, 내 마음이 상처받은 사춘기 아이로만 채워져 있지 않은지, 내가 어떤 생각과 말과 행위를 하는지에 대한 앎이 있어야 한다. 내가 나를 알 때, 우리는 스스로 변할 수 있다. 성인과 어른의 차이는 여기에 있다. 어른은 내가 어떤 사람인 줄 알지만, 성인은 그 앎이 부족하다. 그래서 그들은 자신의 존재를 남을 통해서 확인하려 한다. 스스로의 앎이 없기에 타인의 시선을 통해 자신을 세우려 한다. 그래서 그들은 남의 눈치를 봐야 하고, 자신의 생각이 아닌 세상의 상식 속에 스스로를 가두려 하는 것이다. 자기 존재의 감각, 자존감은 스스로에 대한 앎에서 시작된다. 그것이 어른의 기본이다.

타인의 관심과 의견이 삶의 가장 중요한 요건인 사람이

있다. 미성년이다. 우리 어린 시절, 그 당시 최고의 관심사는 부모님과 선생님, 그리고 주변 친구들의 인정이었다. 그 인정과 칭찬이 하루를 웃게 하고 울게 하였다. 인정욕은 당시 최고의 욕망이었고, 부모님의 사랑, 선생님의 칭찬, 친구들의 박수가 최고의 즐거움이었다. 그때의 우리는 관심을 받고, 사랑을 받고, 인정을 받는 '인정의 대상'이었다.

어른이 되지 못한 '어른이(kidult)'는 그 '대상'의 삶을 스무 살이 넘어서도 하고 있는 거다. 그래서 SNS를 통해 나를 봐 달라고, 자신을 인정해 달라고, 나에게 관심을 달라고 하는 거다. 신체적으로는 성인이지만, 스스로의 존재로 살아가는 어른은 아니다. 어른이 아닌 어른이로 살아가는 대부분의 성인이다. 어른은 대상이 아니라, 주체로 살아간다. 칭찬받지 않고, 칭찬을 주고 있으며, 관심의 대상이 아닌 관심의 주체다. 사랑받기 위한 사람이 아니라 그 사랑을 주는 사람이 어른이다. 그래서 어른은 기브(give)하고 있다.

G는 Gratitude, 감사함이다. 우리는 어릴 때부터 세상의 선물을 받고 자란다. 부모와 세상의 보호 속에서 먹고, 자고, 공부하고, 성장한다. 그 모든 것들은 나를 성인으로 만들기 위한 재료가 되고, 경험이 되고, 선물이 된다. 그 선물의 감사함 속에서 우리는 어린 시절을 보낸다. 그리고 일정 나이가 되면, 이제 그 선물을 다시 세상에 전해주는 역할을 해야 한

다. 늘 받기만 하던 미성년에서, 이제는 세상에게 선물을 되돌려주는 나눔과 베풂을 실천하는 거다. 그 기부와 봉사 속에서 더 큰 선물을 받게 된다. 그것이 감사와 함께 하는 삶이다.

성인은 돈을 버는 삶을 살지만, 어른은 돈을 주고받는 삶을 산다. 성인은 돈을 벌면서, 마음의 결핍을 쌓지만, 어른은 돈을 주고받으며, 내면의 풍요를 키운다. 그 풍요가 현실의 부를 끌어당긴다. 돈을 벌기만 하면 돈은 정체되지만, 돈을 순환시키면 그 순환 속에서 부는 확장된다. 돈의 이름이 돈인 이유는 돌고 도는 속성 때문이다. 그 본질을 통해 부를 순환시키고 성장시키는 것이 어른의 삶이다. 그래서 성인은 대중이 되고, 어른은 부자가 된다.

마지막 E는 Experience, 경험이다. 우리의 삶은 기억으로 이루어져 있다. 그 기억에 감정이 담길 때, 기억은 추억이 된다. 이 추억은 하나의 경험으로 우리의 마음에 각인된다. 그 각인된 씨앗이 내면의 숲이 되어 늘 나와 함께하고 있다. 인생의 좋은 경험, 나쁜 경험은 없다. 이런 경험, 저런 경험이 있을 뿐이다. 하지만 그 경험을 긍정하고, 그 기억에 긍정의 감정을 담아 우리의 마음에 심을 때, 나의 내면의 이너 포레스트엔 풍요와 감사의 바람이 불게 된다. 그 바람이 나의 생각이 되고, 나의 감정과 느낌이 되어, 내일의 삶도 따뜻해진다.

내 마음이 긍정으로 채색되고 있음을 아는 앎(A)이 있고,

그 마음에 부는 감사의 바람이 나의 말과 행동(G)이 되어, 인생의 또 다른 감사의 경험(E)을 내 마음에 각인시킨다. 그것이 어른의 삶이다. 깨닫고, 감사하고, 세상과 나누는 것, 그것이 어른이다. 성인은 어른이 아니다. 어른은 대중 속에서 빛나고 있는 자존감의 빛이다.

나이는 중요한 게 아니다. 나이보다 에이지가 중요하다. 그 에이지를, 당신은 가지고 있는가? 성인이 되고, 가장이 되고, 중년이 되고, 노인이 되어도, 어른이 되는 것은 아니다. 성인은 괴롭지만, 어른은 행복하다. 알아차림이 있어서다. 성인은 이기적이지만, 어른은 이타적이다. 이타를 통해 이타와 이기를 동시에 누리는 자리이타의 삶을 사는 거다. 그래서 그들은 감사 속에서 살아간다. 감사를 주고받으며, 그 경험 속에서 자신의 마음을 긍정적으로 채색하고 있다. 그래서 그들은 늘 웃고 있다. 알아차림과 감사, 그리고 또 다른 감사의 경험이 그들에게 미소를 선물한다. 세상의 선물 속에서 살아가는 그들의 모습이다. 그것이 여러분이었으면 좋겠다. 성인이 아닌, 중년도, 장년도, 노인도 아닌 어른의 삶, 그것이 여러분이 되길 바란다.

4장

부의 열매를 맺다

과거의 경험을 매몰된 시간이라 생각하지 마라.
실패는 반드시 무언가를 남긴다.

1 두 명의 나와

오늘을 사는 법

나는 4년간 1억을 모았다. 2002년 인턴 생활을 시작으로 1억 모으기를 했다. 당시 연봉에서 세금을 공제하고 나면 남는 돈이 많지 않았다. 그 4년 동안 거의 소비 활동을 하지 않았다.

인턴과 레지던트 시절에는 한 달에 한두 번 정도만 오프가 허락되었다. 기숙사 생활과 당직이 일상이었고, 식사는 거의 구내식당에서 해결했다. 회식은 의국비를 통해서만 했다. 옷은 당직실 수술복으로 1년을 보냈고, 패딩 하나 없는 겨울은 병원 카페에서 책을 읽었다. 3년 정도 지났을 때, 기숙사에서 나와야 했고, 그때 7천 정도의 원룸 전세를 얻어 처음으로 독립했다. 그 후 돈을 조금 더 모아 1억의 허들을 넘었다.

1억은 상징적인 금액이다. 1억의 허들을 직접 넘어본 사람들은 안다. 바로 삶의 변화이자 앎의 변화다. '아, 나는 돈을 모을 수 있는 사람이구나'라는 앎이 생기게 된다. 그것이 부의 출발점이다. 자신의 존재에 대한 감각, 자존감의 시작이다. 내가 돈을 모을 수 있는 사람임을 알게 될 때, 그 앎의 씨앗이 내 무의식 밭에 뿌려지게 된다. 그 씨앗은 발아해서 내 마음의 숲을 이루고, 그 나무는 '나는 부자가 될 사람이다'라는 생각의 길을 만든다. 그 길이 넓어지고, 늘 그 생각과 함께할 때 나는 나도 모르게 부자의 말과 풍요의 행동을 하게 된다. 그 1억의 허들이 나에게는 선물 같은 시간이었다.

나는 그 시간을 괴롭게 보내지 않았다. 열심히 절약하며 모았지만, 충실히 그 시간을 즐기고 있었다. '어차피 1억을 모을 것'이라는 내 마음의 앎이 지금의 과정을 허용하고 있었다. 하루하루 쌓여가는 통장 잔고의 변화를 즐겼다. 4년 뒤 1억이 찍힌 통장을 보며 '지금의 과정을 허용하는 나'를 즐기고 있을, 또 다른 나와 함께 하루를 보내고 있었다. 나는 그랬다. 나는 늘 두 명의 나와 함께 오늘을 살았다. 그 미래의 나를 살면서 오늘을 보내고 있었다. 그러면 지금의 힘든 과정이 즐거운 미래의 추억으로 변하기 시작했다. 그 미래에서 바라보는 회상의 시선을 지닌 채, 20대의 하루하루를 보내고 있었다. 언젠가 지금의 시간이 내 인생의 글감이 될 것이라는 앎을 지닌 채, 하루하루 검소하게 보내고 있었다. 그 글감이 지금 여기에 펼쳐지고 있다. 내가 나의 20대를 존중하는 이유다. 그 친구의 앎이 지금의 나를 만들고 있다. 진정한 부는 이 앎에서 시작한다. 어차피 잘될 거라는 이 마음의 앎. 그 앎이 생각을 일으키고, 말과 행위로 이어질 때, 이미 내 삶은 풍요로 물들고 있었다. 이 앎을 여러분도 지녔으면 좋겠다.

2   가난을
알아차릴 때

"작가님, 작가님은 이렇게 많은 사람의 질문에 어떻게 쉽게 답을 하시나요? 오늘도 다양한 분들의 여러 질문이 있었는데 답을 해주시는 모습이 신기합니다. 그 비결을 좀 알려주세요."

나도 모르는 게 많다. 다만 나는 내가 뭘 알고, 뭘 모르는지 알고 있다. 그래서 모르는 분야는 "저도 잘 모릅니다"라고 당당히 말한다. 그리고 내가 알고 있는, 나의 앎으로 각인된 이야기만 편하게 전할 뿐이다. 무지의 지, 모름을 알고 있을 때, 우리는 모름에 대해 당당해진다. 그리고 그것이 알고 싶어진다. 그 호기심이 지혜를 쌓아나간다.

어릴 때 나는 가난했다. 누구보다 가난한 삶에 찌들어 있었다. 그런데 가난 속에 있을 때는 내가 가난한 줄 몰랐다. 그래서 "저는 가난합니다"라는 말을 이해할 수 없었다. 가난을 모를 때 나에게 가난은 없었다. 오히려 부를 알게 되면서 나는 가난함을 알게 되었다. 그리고 그 가난을 알게 되었을 때, 나는 부에 대한 앎도 함께 지니게 되었다. 그 둘은 하나임을 알아갔다. 현재의 가난과 미래의 부는 늘 동시에 존재함을 알게 되었다. 그 앎이 당시의 가난을 풍요의 전제로 만들어주었다.

술자리에서도 마찬가지다. 얼마 전 친구들과 술을 마셨다. 소주를 각 두 병 정도 마시고 자리를 정리하려고 하는데, 한 친구가 2차를 가자고 했다. 다들 취한 것 같아 오늘은 집으로 가자고 말해도 막무가내였다. "너 취했어. 그만 마셔." 그러자 그 친구가 말했다. "나 하나도 안 취했어. 그러니 한 잔만 더 해." 술에 취하면 취한 줄 모른다. "나 취한 것 같아. 오늘 그만 마시자"라는 말은 술 취하지 않은 사람의 말이다. '취했다'는 말은 안 취했을 때의 말이고, '안 취했다'는 말은 취했을 때의 말이다. 아이러니다. 무지의 지는 술자리에서도 유용하다.

가난한 사람들은 자신의 가난에 대해 이야기하지 않는다. 가난이 주는 초라함이 싫어서다. 그들은 타인의 부에 대해서 이야기한다. 그러면서 주변에 돈 많은 사람들을 시기하고, 그들의 삶을 질투한다. 그들의 SNS에 집착하고, 댓글로 자신의 부러움과 분노를 전하고 있다. 그리고 로또에 당첨된 미래를 꿈꾸고, 가상화폐로 대박난 자신을 그려본다. 그 망상 속에서 시간을 보낸다.

가난에 대한 알아차림이 있을 때, 우리는 그 가난에 대해 이야기할 수 있다. '가난을 품고 있는 풍요'를 알아차릴 때, 가난은 초라한 것이 아니다. 가난은 결핍이고, 결핍은 뭔가를 채우는 행위로 표현된다. 돈을 버는 것은 돈을 채우는 행위고, 그것의 바탕에는 내면의 결핍이 있다. 돈을 쫓는 시간 속에 마음의 결핍은 더 커지는 것이다. 하지만 그 시간 속에서 기부와 헌금을 실천할 때, 마음의 방향은 전혀 달라진다. 기부는 돈을 나누는 것이고, 나누는 것은 뭔가로 채워져 있을 때 가능한 일이다. 그 나눔이 내면을 풍요로 물들인다. 가난 속에서 봉사를 하고, 궁핍 속에서 베풂을 실천할 때, 가난은 인색이 아닌 풍요의 또 다른 얼굴이 된다. 당당한 가난은 나의 스토리가 되고, 풍족한 미래의 전제가 된다.

가난을 알기에 그 가난 속에서 부를 인식할 수 있고, 그 풍요를 마음에 채울 때 미래의 부가 나에게 다가옴을 알게 될 것이다. '가난의 지'와 '부의 앎'은 하나임을 알 때, 내면의 풍요는 현실의 풍족을 펼쳐내게 된다.

　나의 가난은 내면의 풍요로 당당해질 수 있다. 마음의 풍요는 생각을 '나'누고, 행위를 '베'풀고, '감'사의 말을 하는 것이다. '나베감'을 통해서 마음의 풍요를 쌓아나갈 때, 나는 가난 속에서도 부자로 살 수 있다. 그 부의 마음이 미래의 부를 끌어당기게 된다. 그러면 스스로 가난하다고 말할 수 있는 용기가 생긴다. 어차피 잘될 것을 알 때, 지금의 가난은 미래의 글감일 뿐이다. 그 성공 스토리의 좋은 글감이 지금 펼쳐져 있음을 알게 된다. 그러면 가난에 취하지 않게 된다.

　가난은 알아차릴 때, 그 가난에서 벗어날 수 있다. 그리고 그 가난을 알아차리는 것은 나의 내면을 들여다보는 것에서 시작한다. 나의 내면이 결핍으로 채워져 있음을 알 때, 우리는 돈을 추구하고, 돈을 쫓으며, 돈만 바라보는 삶을 벗어나게 된다. 채우려는 것은 결핍되었을 때의 행동이고, 추구하는 것은 없다는 것을 전제한다. 그 결핍감을 알아차릴 때, 우리는 가난에서 벗어나게 된다. 가난을 알 때, 가난을 벗어날 수 있다. 술에 취하면 술 취한 줄 모르듯, 가난에 취하면 가난에서 벗어날 수 없다. 술만 해장이 필요한 게 아니다. 가난도 알아차림의 해장이 필요하다.

3 소유와 존재

　나는 스마트폰을 3년째 쓰고 있다. 매년 새로운 기종이 나오고 있지만, 아직 고장도 안 나고 바꿔야 할 필요성을 못 느끼고 있다. 아마 내년에도 이걸 쓸 것 같다. 차도 4년째 타고 있다. 아직 멀쩡하다. 지금 이사 온 아파트도 3년째 살고 있다. 몇 년은 더 타고, 몇 년은 더 살지 않을까 싶다. 그렇다고 평생을 사는 건 아니다. 언젠가 미래의 오늘이 되었을 때, 그때의 폰과 차와 집은 지금의 것과 다를 것이다.

　삶은 렌털이고, 인생은 소모품이다.

　우리가 가진 것은 내 것이 아니다. 지금 손에 쥐고 있는 것도 사실은 내 소유가 아닌 거다. 세상 것을 잠시 빌려 쓰고 있다. 시간이 지나면 그들에게 돌려줘야 한다. 그것이 세상의 룰이다. 내 돈으로, 내 노력으로, 내 시간을 들여 폰도 사고, 차도 사고, 집도 산다. 그래서 그것들이 내 폰이고, 내 차고, 내 집이라고 여긴다. 하지만 과연 그럴까?

사실 그 모든 것은 세상 폰이고, 세상 차이며, 세상 집이다. 우리가 한 것은 단지 돈을 준 것, 즉 '렌털료'를 지불한 것이다. 그리고 일정 기간이 지나면 다 돌려줘야 한다. 왜? 그들은 모두 세상에서 온 것이기 때문이다. 그러니 다시 세상으로 돌려줘야 한다.

몇 년 전 강남에 6층 빌딩을 샀다. 빌딩을 사면 토지와 건물의 지분이 다르다. 일부는 땅에 대한 돈을 내고, 나머지는 빌딩에 대한 비용을 지불한다. 그러면 '내 것'이 된다. 그런데 거꾸로 지구 입장에서 살펴보면 이건 어이가 없는 일이다. 그 모든 것은 지구 것이기 때문이다. 작은 인간이라는 존재가 자기들끼리 계좌번호와 숫자를 주고받으며, 종이에 도장을 찍고, 이제 이건 '자기 것'이라 외치고 있다. 하지만 그건 지구 것이다. 세상은 세상 것이지, 우리 것이 아니다. 세상에 소유란 없다. 삶엔 렌털만 있다.

우리에게 가장 오래된 소유, 아니 가장 오래된 렌털은 무엇일까? 폰? 차? 아파트? 사람마다 다를 것이다. 길어봐야 10~20년이다. 직업일까? 직업도 20~30년 정도다. 평생직장은 옛말이다. 시간이 지나면 그 자리를 돌려줘야 한다. 부모님일까? 가장 오랫동안 '나의 부모님'이었던 그들도 40~50년이 지나면 세상에 돌려줘야 한다. 그것이 우리 운명이다.

가장 오랫동안 나와 함께 있는 그것은 바로 내 '몸'이다. 내 몸이 태어날 때부터 죽을 때까지 나와 동고동락하며 가장 오랜 기간 머물러 오고 있다. 평균 100년 정도 나와 함께 한다. 그런데 그 몸은 항상 그 모습으로 있을까? 몸은 사실 변하고 있다. 세 살 때의 몸과 지금의 몸은 다르다. 지금의 몸과 30년 뒤의 몸도 다르다. 매일매일, 매 순간, 우리 몸은 변하고 있다. 어제의 나와 오늘의 나는 다른 것이다. 마치 세상 모든 만물이 변하듯 우리 몸도 바뀌고 있다. 그래서 세상은 '생주이멸(生住異滅)'하고, 우리는 '생로병사(生老病死)'하는 거다. 가장 오래된 우리의 소유도 사실은 렌털이고 그마저 소모품이다. 그것이 우리 존재의 본질이다. 소유란 없다. 변화만 있다.

소유는 정체고, 존재는 변화다.

정체는 썩고 소멸하지만, 변화는 성장하고 지속된다. 우리는 우리가 소유한 것이 그대로 머물길 바라지만, 그대로 머무는 순간 변화라는 본질에서 벗어난다. 변화하지 않을 때, 존재의 이유는 사라진다. 그때 그것은 이미 우리 곁에 없다. 세상의 본질은 늘 변하는 데 있다. 불교에서 말하는 '제행무상(諸行無常)'의 진리다.

우리는 생로병사라는 변화의 트랙 위에 있다. 과거에 집착할 때, 삶은 불행해진다. '나 옛날에 100미터 14초에 뛰었는데'의 기억은 나에게 괴로움만 안겨준다. 그러나 지금 모습에 만족하고 그 변화를 허용할 때 우리는 편안해진다. 현존할 때 행복한 이유다.

우리는 '늘' 소유할 수 없다. 하지만 '항상' 소유할 수는 있다. 그건 소유에 대한 앎이 생겼을 가능하다. 바로 '지금 여기'에 대한 소유다. 우리는 지금 여기에 머무를 수 있다. 항상 '여기'에 머무를 때, 늘 '지금'을 소유하게 된다. 나머지는 가짜고, 렌털이고, 기억일 뿐이다.

과거 '100미터 14초'를 아쉬워하고, 미래에 '달리기를 못할 자신'을 불안해하지 마라. 그건 시간 여행일 뿐이다. 시간 여행은 불평, 불만, 불안만 야기한다. 과거를 불평하고, 현재에 불만족하고, 미래를 불안해하는 사람들이 하는 시간 낭비다. 시간을 여행 말고 지금에 머물러라. 여기에 현존해라. 그러면 알게 된다. 여기는 진짜고, 지금은 소유고, 현존은 알아차림이다. 그것이 우리다. 그것이 우리의 존재다. 그때 비로소 우리는 그 모든 것을 소유하게 된다.

4 레버리지

"대출을 레버리지 삼아 부동산을 사야 합니다. 지금이 적기입니다."

가끔 부동산 관련 유튜브를 보면 이런 이야기를 자주 듣는다. 영상 속 이야기들은 대부분 비슷하다. 대출을 '레버리지(leverage)'라 부르며 투자를 권유한다. 부동산 시장이 좋을 때는 수백만 조회 수를 기록한 영상들도 있다.

그런데 알고 있는가? 대출은 레버리지가 아니다. 대출은 레버(lever)다. 레버는 막대기에 해당하고, 레버리지는 그 막대기를 이용한 힘, 지렛대의 원리에 해당한다. 지렛대를 이용해 지렛대보다 훨씬 큰 바위를 움직이듯, 대출을 이용해 자신의 자산보다 더 큰 부동산을 소유하는 게 레버리지다. 그것이 지렛대 효과다.

    레버리지는 막대기, 즉 레버를 이용하는 게 핵심이다. 대출은 이 막대기에 해당한다. 막대의 길이를 늘이는 역할을 한다. 레버가 길면 레버리지가 좋아진다. 긴 막대기로 바위를 들어 올리는 게 짧은 막대보다 훨씬 쉽기 때문이다. 그런데 레버만 길다고 바위가 움직이는 건 아니다. 레버도 레버리지의 중요한 역할을 하지만, 더 큰 역할을 하는 게 있다. 바로 지지점이다. 레버 아래를 받치는 작은 돌멩이가 필요하다. 그 돌멩이가 레버로 하여금 큰 바위를 움직이게 한다. 결국, 레버의 효과는 지지점에 의해 실현된다. 그래서 레버의 길이만큼 지지점의 크기도 중요하다. 지지점의 크기가 커질수록 우리는 더 큰 바위, 더 큰 자산을 움직일 수 있다.

    부동산 투자의 핵심은 레버리지다. 그런데 이 말은 부동산에만 해당되는 이야기가 아니다. 모든 투자의 핵심이자 성공의 비밀이다. 우리의 성공과 부는 레버리지를 통해서 이루어진다. 중요한 것은 나의 레버리지를 늘리고, 지지점을 단단히 다지는 것이다. 그리고 인생의 시기마다 삶의 지렛대가 달라진다는 것을 아는 것이다.

    어린 시절, 10~20대의 레버는 '시간'이다. 이 시기에 중요한 것은 시간을 투자해서 나를 성장시키는 것이다. 레버의 기본 길이를 늘이고, 단단히 하는 시기다. 자기를 계발하고, 스스로에게 투자하며 준비하는 단계다.

두 번째 레버는 '시드(seed)'다. 20~30대에 해당한다. 이 시기에는 시드머니를 모아야 한다. 직장을 통해 소득을 얻고, 종잣돈을 마련해야 한다. 이때는 소비의 시기가 아니다. 절약과 저축의 시기다. 시드머니는 쓰는 돈이 아니다. 씨앗일 뿐이다. 씨앗은 먹는 게 아니다. 먹어야 하는 것은 열매다. 시드로 만든 열매를 먹어야 한다. 통장에 넣어야 시드는 레버가 된다. 부동산이나 주식, 가상화폐에 넣어도 안 된다. 단단한 땅에 심는 게 시드다. 출렁이는 파도에 던지는 게 아니다.

세 번째는 '경험'이다. 30~40대에 해당하는 레버다. 이 시기의 레버는 삶의 경험으로 길어진다. 직장에서의 경험, 사람 속에서의 경험, 책 속에서의 경험, 여러 미디어 속에서의 경험 등 다양한 경험의 시간이 이 속에서 영글어간다. 레버가 길어지고 단단해진다. 그중 직장에서의 경험은 미래 사업에 대한 지식이 되고, 기반이 된다. 그 지식과 경험은 시간이 지나면서 더 단단해지고 굳건해진다. 그러면서 점점 나의 깨달음으로 성장한다. 그 깨달음이 모일 때, 비로소 경험은 한 분야의 지혜가 되고, 그 지혜는 나의 앎이 된다. 그 앎이 암(岩)이다. 지지점의 돌이 되는 것이다. 30~40대가 중요한 이유는 이 레버의 길이와 지지점의 크기를 동시에 키우는 시기이기 때문이다.

그리고 마지막이 '대출'이다. 내 사업을 일으킬 때, 혹은 나의 자산을 늘릴 때 우리는 대출을 이용하게 된다. 레버의 길이를 늘여주는 마지막 수단이다. 레버의 손잡이에 해당한다. 물론 자신의 레버가 충분하게 길다면, 대출 없이도 레버리지는 가능하다. 그건 개인의 선택이다. 대출은 레버의 길이를 길게 해주지만, 그 경도가 강하지 않다. 유리 막대기다. 언제든지 부러질 수 있기에 조심해서 사용해야 한다. 부러지면 이자를 쳐서 갚아야 하고, 너무 과하게 쓸 경우에는 앞쪽의 레버까지 빚으로 돌려줘야 한다. 대출은 성공한 사업의 빛이 되기도 하고, 평생 갚아야 할 빚이 되기도 한다. 빛과 빚은 한 끗 차다. 대출의 양면성이다. 그래서 대출은 함부로 사용하면 안 된다. 적기가 있다. 그 시기를 아는 게 핵심이다. 언제일까? 바로 나의 지지점이 커졌을 때다.

레버만 길다고 레버리지를 일으키지 못한다. 레버리지를 이용할 때는 나의 지지석, 그 앎의 크기가 커졌을 때다. 내 앎의 크기가, 내 앎의 정도가, 지혜의 축적 수준이 그 기준이 된다. 내가 사업을 해도 될 정도의, 부동산 투자를 할 정도의, 주식이나 가상자산에 들어갈 정도의 지식과 경험과 깨달음이 쌓였을 때, 그때 레버의 마지막 손잡이를 달아야 한다. 빚을 빛으로 바꾸는 힘은 이 지지점에 있다. 한 분야의 앎이 생겼을 때, 그때 우리는 성공적 사업, 성공한 투자를 할 수 있게 된다.

그 앎의 시간은 대개 10~20년 정도다. 사업적으로 성공한 사람들의 이야기를 들어보면 비슷하다. 최소 한 분야에서 10년 이상의 시간을 보내야 자신의 지지점이 커지고, 자신의 지레를 이용해 더 큰 부와 성공과 명예를 얻게 된다. 그것이 지레를 이용한 지렛대의 원리다.

명심하자. 레버는 막대기다. 네 가지로 구성된 지레다. 즉, 시간, 시드, 경험, 대출이다. 지지점은 한 분야의 앎이고, 그 앎(지지석)을 이용한 성장이 레버리지다. 레버리지는 대출이 아니다. 레버리지는 성공의 원리다. 지지점이 없는 레버는 쓸모가 없다. 대출을 일으켜 레버만 길어지다 보니, 그걸로 할 수 없이 누르는 게 카지노 버튼이다. 투기 버튼을 누르고, 남들 따라 부동산 투자 버튼을 누르고, 리딩방을 통해 주식 버튼을 누르고 있다. 제발 그러지 말자. 레버로 장난칠 시간에 레버 밑에 지지석을 키우자. 그래야 레버리지를 쓸 수 있다. 레버는 카지노 버튼을 누르는 게 아니다. 레버는 지지점을 누르는 것이다.

5 부의 예언자

　매년 겨울이 되면 독감 백신을 맞는다. 세계보건기구(WHO)는 매년 전 세계적으로 수집한 데이터를 분석해 유행 가능성이 큰 인플루엔자의 유형을 예측하고, 이를 바탕으로 백신에 포함될 바이러스 균주를 결정한다. 그리고 그 균주를 약하게 만들거나 불활성화시켜 백신을 생산한다. 그 백신을 우리는 매년 맞고 있다. 독감에 걸리지 않기 위해, 약한 독감 바이러스를 우리 몸에 주입하는 것이다. 그래서 독감 예방 접종을 하면 약간의 몸살 기운과 함께, 오한과 발열이 발생하는 경우가 많다. 면역 반응을 통해 바이러스에 대한 항체를 형성하고, 이후 실제 바이러스가 몸에 침투했을 때 방어할 수 있는 힘을 가지기 위해서다. 건강을 위해 건강에 위해를 가하는 게 백신이다.

그래서 백신은 건강의 선행자다. 백신을 맞으면 괴롭지만, 이후에는 즐겁다. 주변 사람들이 독감으로 고생할 때, 나는 그 시기를 가볍게 넘어갈 수 있다. 괴로움이 있어야 즐거움이 있는 것이다.

나는 어릴 때, 가난에 물들어 있었다. 그 가난 속에서 가난한 줄 모를 정도로 가난했다. 하지만 그 가난이 있었기에, 부자의 모습을 알게 되었다. 결핍을 겪을 때, 풍요의 느낌을 알게 된다. 내가 만약 어릴 때 부유한 집에서 태어나, 어떤 결핍도 없이 자랐다면 나는 행복했을까? 그렇지 않을 것이다. 세상은 개념적 상대성이 작용한다. 하나를 알려면 반대의 개념을 인지해야 알 수 있다. 가난 속에 있으면 가난을 모른다. 부를 알 때 가난을 알게 되는 이유다.

나는 인생을 다시 선택하라고 해도, 가난한 어린 시절을 선택할 것이다. 그때의 가난이 미래의 부를 예언하고 있었다. 가난한 현실은 풍족한 미래를 포함하고 있다. 가난 속에서 풍요의 마음을 만들고, 그 마음을 인식하며 살 때, 그 마음의 인식이 미래의 부를 부른다. 늘 이야기하듯, 인식이 존재를 부르고, 일체유심조는 세상이 굴러가는 가장 본질적 진리다.

가난이 부의 예언자인 이유다. 예언을 하는 것은 쉽다. 로

또 예언도 어렵지 않다. 일주일 먼저 존재하면 된다. 간단하다. 그래서 예언은 선행을 의미한다. 내 삶의 가난도 마찬가지였다. 어린 시절 가난은 내게 먼저 와주었다. 그 가난이 미래의 부를 인식하고 그 인식을 통해 풍족한 지금을 만들고 있다. 내 마음이 풍요로 채워졌기 때문이다.

가난한 사람이 가난을 벗어나지 못하는 이유는 하나다. 마음이 가난으로 물들어서 그렇다. 늘 결핍된 생각을 하고, 결핍된 말과 행동을 통해 그런 인생을 펼치고 있다. 가난 속에서 기부와 봉사를 하는 사람은 없다. 나눔과 베풂은 그저 부자의 권리라 생각한다. 가난 속에서 내 마음을 결핍으로 채우고 있다. 하지만 그 속에서 생각을 나누고, 행위를 베풀고, 감사의 말을 하는 사람들도 있다. 가난 속에서도 풍요로운 사람의 모습이다.

가난은 부의 또 다른 얼굴이다.

곧 펼쳐질 부자의 모습에는 과정으로서의 가난이 포함된다. 그 둘은 상대성으로 연결되어 있다.

나침반에는 N극과 S극이 있다. 그리고 나침반은 늘 북쪽(N극)을 향한다. 그 북쪽이 우리가 원하는 길이 될 때, 우리는 N극을 바라보며 탐험을 하면 된다. 그런데 나침반의 북쪽은 남쪽을 포함하고 있다. 북쪽 바늘은 남쪽 바늘이 있을 때, 그 존재가 성립된다. 우리가 원하는 N과 원치 않는 S가 있어야 나침반이 존재하는 것이다. 내가 원하는 미래는 반드시 그렇지 않은 과정을 포함하는 원리다. 그래야 나침반의 바늘은 우리에게 정확한 방향을 제시한다. 나침반의 N과 S는 늘 함께 하고 있다. 내가 원하는 것은 반드시 원치 않는 것을 포함한다. 그것이 나침반의 원리이자 우리에게 전하는 깨달음이다.

　우리는 행복한 삶을 원한다. 누구나 행복하고 싶다. 그런데 행복은 괴로움을 포함하고 있다. 괴로움이 없는 행복은 없다. 괴로움이 사라질 때, 행복도 사라지는 이유다. 그래서 괴로움은 행복의 또 다른 얼굴이다. 그걸 알게 될 때, 괴로움은 괴로움으로 정의할 수 없다. 덜 행복한 게 괴로움이다. 그 괴로움이 행복을 전제하기 때문이다.

　세상에 부정은 없다. 부정은 긍정을 포함한다. 이 앎이 생길 때, 부정은 부정이 아닌 덜 긍정이 된다. 불행한 게 아니고 덜 행복한 것이고, 아픈 게 아니고 덜 건강한 것이며, 가난한 게 아니고 덜 부자인 것이다.

　세상에 괴로운 건 없다. '괴롭다'는 곧 '행복하다'임을 알게 될 때, 괴로운 것은 덜 행복한 것일 뿐이다. 나는 그렇게 살아간다. 백신을 맞으며 덜 건강을 경험하고, 가난을 추억하며 덜 부자를 회상하고, 나침반을 보며 다가올 미래를 위한 힘든 과정을 허용한다. '그 과정'이 '곧 미래'임을 알 때, 지금의 '힘듦'을 받아들일 수 있는 '힘'이 생기게 된다.

과거, 현재, 미래는 없다. 그 모든 것은 지금 여기에 연결된 채, 과정으로만 존재한다. 덜 행복하고, 덜 건강하며, 덜 부자인 지금 모습이 행복하고 건강한 부자의 또 다른 모습이다. 그것이 지금이라는 선물이다. 여기라는 행복의 공간이다. 그것이 개념적 상대성과 인과적 동시성의 원리다. 모든 것은 상대적으로 존재하고, 그 둘은 지금이라는 과정 속에 동시에 연결되어 있다. 그것이 세상의 진리다.

6 첫 번째 화살은 맞더라도, 두 번째 화살은 맞지 마라

부동산 투자로 큰 손실을 본 30대 가장이 나에게 메일을 보냈다. 아내 몰래 투자한 오피스텔 분양이 임대로 이어지지 않았고, 결국 분양가 이하로 매도하면서 빚과 은행 이자로 고통을 겪고 있다고 했다. 걱정과 불안에 불면증과 불안증까지 겹쳐 살이 5킬로그램 이상 빠졌단다. 그는 몇 년간 모은 돈을 한순간에 날려버리자 심한 자괴감에 빠졌다. 사정을 모르는 아내와의 대화를 피하다 보니, 불륜 의심까지 받고 있는 상황이었다.

부동산 경기가 안 좋을 때 비슷한 일을 겪는 분들이 많다. 투자할 때는 늘 위험성을 안고 하는 것이기에 결과의 고락(苦樂, 괴로움과 즐거움)을 먼저에 인식하고 행동하는 게 좋다. 우리가 투자를 통해 100퍼센트 이익을 얻을 수 없다는 것을 알듯, 투자 실패에 대한 책임도 인지하고 시작하면 된다. 투자도 하나의 선택일 뿐이다. 좋은 투자란 없다. 이런 투자, 저런 투자만 있다. 투자를 했으면 책임을 지면 된다. 그 책임이 성공과 실패로 나뉠 뿐이다.

    석가모니 부처님이 말씀하신 내용이다.

"첫 번째 화살은 맞을지라도, 두 번째 화살은 맞지 마라."

    오피스텔 투자로 본인의 소유, 즉 돈이 줄어드는 현실이 첫 번째 화살이다. 그 화살을 맞았을 때는, 먼저 '아야' 하고 화살을 빼야 한다. 그리고 다시 일어나 빚 청산을 위해 필요한 일을 필요한 만큼 하면 된다. 투자는 선택이고, 그 선택에 대한 책임을 지면 그만이다. 그 책임을 알고 시작했으면 지금의 상황은 투자에 대한 성장 과정이 된다. 다음 투자를 성공적으로 이끌 수 있는 소중한 경험이 된다. 그런데 이분은 화살을 빼지 않고 또 다른 화살을 만들고 있다. 두 번째, 세 번째, 네 번째 화살을 만들어 자신을 찌르고 있다. 경제적 손실로 인한 고통은 있겠지만, 그 손실로 인한 괴로움은 스스로 만들었다.

    소유가 줄었다고, 자신의 건강을 해치고, 열등감을 만들고, 아내와의 관계마저 무너트렸다. 행복의 조건인, 소유, 관계, 건강, 성취를 모두 잃은 것이다. 돈을 잃어 생긴 마음의 결핍이 또 다른 결핍으로 확대되어 괴로움으로 이어진다. 그 잘못된 판단이 또 다른 화살이 되어 자신을 절망으로 이끈다.

현실이 통증을 유발할 수는 있다. 그때는 꼭 이렇게 생각해보자.

'아픔이 발생했다. 그렇다고 내가 아픈 게 아니다.'

현실의 화살을 맞고 아픔이 발생했다. 그 아픔을 스스로 확장해서, '나는 아프다'로 규정하지 마라. 자신을 해치는 길이다. 누군가 나를 아프게 할 때, 그는 나쁜 사람이다. 하지만 내가 나를 아프게 할 때, 그건 어리석은 사람이다. 스스로 화살을 만들고 있음을 모르기 때문이다. 이 무지가 습관이 되고, 그 습관 속에서 나는 화살 제조 전문가가 되고 있다.

세상살이 다 똑같다. 현실이라는 첫 번째 화살이 박힐 때, 우리는 '아픔'을 느낀다. 사업에서 돈을 잃기도 하고, 여자 친구와 이별을 하기도 한다. 다이어트에 또 실패하고, 취직에 떨어지기도 한다. 하지만 그 상황에 대한 잘못된 해석이 두 번째 화살로 이어질 때, 우리는 '내가 아픔'을 느낀다. 현실의 결핍이 마음의 결핍으로 이어질 때, 이 무의식의 결핍감은 하나의 소용돌이가 되어 나를 감싼다. '부동산 투자에 실패했다'라는 현실이 '나는 실패하는 사람이다'라는 마음으로 확장된다. 그리고 이 무의식은 우리의 모든 것을 결핍으로 물들인다. 네 개의 화살을 만들어 나를 무너트린다. '아픔'은 현실이 만들지만, '내가 아픔'은 마음이 만든다. 그 습관에서 벗어나야 한다.

내가 아픈 지금은 현실이 만드는 게 아니다. 내가 괴로운 오늘도 세상이 만드는 게 아니다. 상황은 통증만 만들 뿐이다. 괴로움은 내가 만들고 있다. 통증을 괴로움으로 확대하지 마라. 통증은 시간이 지나면 줄어든다. 그 흘러가는 과정을 지켜보면 그만이다. 그러니 스스로 괴롭히는 이 무지에서 벗어나자.

'내가 아픈' 게 아니다. '그냥 아픈' 거다.

그러니 꼭 '3그'의 진통제를 들고 다니자. '응, 아프구나.' '그럴 수 있다.' '뭐 그래라 그래.' 통증은 흘려보내면 그만이다. 통증을 괴로움으로 확대하지 말자.

7 어차피
잘될 거라는 앎

2년 전 한 모임에서 골프대회를 가졌다. 다섯 팀, 스무 명의 사람들이 참석했다. 그날따라 기분이 좋았다. 날씨도 좋고, 몸도 가벼웠고, 스코어는 더 좋았다. 그러던 중 나는 샷이글을 했다. 60미터 되는 거리에서 보낸 샷이 그대로 홀컵에 빠져들었다. 예상치 못한 결과에 나도 즐거웠고, 함께한 멤버들도 축하해주었다.

"형, 와 오늘 날이네. 이글도 하시고. 오늘 가는 길에 로또 한번 사보세요. 혹시 알아요? 당첨되면 더 크게 쏘세요."

그날 골프가 끝나고 집으로 돌아가는 길, 나는 정말 로또를 한 장 샀다. 그리고는 그 사실을 까맣게 잊고 있었다.

며칠이 지나 문득 그날 로또를 산 게 기억이 났다. '아 맞아, 나 그때 로또 샀지. 이거 당첨되면 내가 더 크게 쏘기로 했는데. 돼도 좋고, 안 돼도 괜찮아. 다음 주 모임 땐 뭘 사줄까?' 라는 생각에 로또를 확인했다. 3등에 당첨되었다. 6개의 숫자 중 5개를 맞춘 것이다. 세상에 내가 로또에 당첨되다니.

삶은 우연이고 인생은 운이다. 삶은 내가 만든 운이 우연을 가장한 인연으로 펼쳐지는 것이다. 그래서 사실 우리는 인연 속에 살아간다. 내가 만든 인연의 씨앗, 그 인의 씨앗이 로또였고, 그 인의 씨앗을 연이라는 밭이 잘 받쳐줄 때, 인연 관계라는 당첨의 결과가 나타난다. 그래서 연의 밭, 세상이라는 조건과 환경이 반드시 필요하다. 그 세상을 만드는 게 나의 무의식이다. 내 무의식이 풍요와 감사로 가득할 때, 세상은 풍요의 밭을 만들어 로또의 씨앗을 당첨의 결과로 만들어준다. 씨앗이 좋은 땅에서 발아해 열매를 맺는 것과 같은 원리다.

씨앗이 열매가 되기 위해 우리는 씨앗을 뿌려야 하고, 물을 뿌리고, 기다리면 된다. 씨앗이 발아하는지에 집착해서 매일 흙을 파게 될 때, 씨앗은 뿌리를 내리지 못한다. 열매에 대한 집착, 당첨에 대한 집착은 흙을 파게 되지만, 어차피 잘될 거라는 앎은 감사의 말과 풍요의 행위라는 물을 붓게 된다. 그러다 보면 어느새 당첨의 열매는 내 삶에 깃들어 있다.

그날 받은 당첨금 150만원은 더 큰 감사와 풍요를 위해 세상에 뿌려졌다. 그 씨앗은 아마도 로또 3등보다 더 큰 열매로 나에게 돌아올 것이다. 나에게는 그 경험과 앎이 있기에, 그리고 그 앎은 늘 나와 함께 있기에 내 삶의 현실 회로는 늘 비슷하게 작동하고 있다. 그 삶의 출력 원리를 알 때, 부와 행복과 감사는 늘 내 주변에 펼쳐지게 된다. 그 원리를 여러분도 알았으면 좋겠다. 이 회로가 부의 출발점이다.

8   인생의 연금술

"가난의 온도는 영하 18도이며, 가난의 색은 회색이다."

한 인터뷰에서 내가 했던 이야기다. 어린 시절을 생각하면 너무 추웠던 기억만 있다. 화장실의 고장난 온도계는 영하 18도에 멈춰 있었다. 낡은 벽지 틈으로 회색 시멘트가 보였다. 가난은 잔인하다. 가난은 무채색이다. 그래서 따뜻함이 없다. 나에게 가난은 겨울이었다.

지금도 나는 겨울을 싫어한다. 그 추위가 주는 가난의 온도를 싫어한다. 물론 지금은 예전과는 다른 싫음이다. 곧 좋아질 것을 아는 싫음이다. 따뜻함과 차가움은 함께하는 것이고, 좋은 것과 싫은 것도 하나임을 알기 때문이다. 그리고 이미 그때도 알고 있었다. 그 앎이 지금의 나를 만들었다.

가난은 그 가난을 바라볼 때 알 수 있다. 가난의 비교 대상에 있을 때, 가난의 단어를 알게 된다. 나도 가난했고, 엄마도 가난했다. 친구도 가난했으며, 친구의 엄마도 가난했다. 세상이 가난하면 가난은 일상이 된다. 그 속에서 나는 전혀 괴롭지 않았다. 오히려 난 행복했다. 그러나 불행은 전혀 다른 곳에서 나타났다.

성당에서였다. 나는 성당을 다니며 가난을 알게 되었다. 그곳 신자들은 부자였다. 당시 남천성당은 광안리 근처 아파트에 사는 신자가 많았다. 그들은 차를 가지고 있었고, 옷은 깔끔했고, 몸에서는 좋은 향기가 났다. 부자의 향이었다. 나와는 전혀 다른 세상의 사람들이 성당을 다니고 있었다. 세상은 상대성이 작동한다. 가난은 부자를 인식할 때 나에게 드러난다. 그때 나는 비로소 가난한 사람이 되었다.

사람들은 우리를 보고 가난하다고 했다. 주변 친구들도 우리는 가난한 집에 산다고 말했다. 그들의 부모님도 빨리 이 가난에서 벗어나자고 했다. 하지만 나는 가난하지 않았다. 나는 검소했다. 그 검소를 나는 선택했을 뿐이다. 스스로 절약하는 것이 검소고 타의로 못 쓰는 것이 가난이다. 그리고 그 가난을 남에게 강요하는 것이 인색이다. 나는 가난해 보여도, 검소했으며, 남에게 인색하지 않았다. 늘 성당에서 헌금을 했고, 기부를 했으며, 나눔과 베풂을 실천했다. 일주일 700원의 용돈에서 500원을 헌금했다. 그것이 부자의 의무이자 권리라고 엄마에게 배웠기 때문이다.

엄마는 항상 말씀하셨다.

"성당에 저기 부자 신자들을 봐. 저들이 부자인 이유는 기부를 많이 하고, 헌금을 많이 하기 때문이야. 그것이 부자가 누리는 권리고, 부자가 해야 할 의무야. 우리도 이렇게 헌금을 내고 있으니 부자의 권리를 누리는 거야. 그러면 우리도 더 큰 부자가 돼. 우린 이미 부자니까."

나는 항상 그 권리를 행사했다. 주머니에는 200원밖에 안 남았지만, 행복했다. 어차피 부자가 될 것을 알았기 때문이다. 왜? 엄마가 그렇게 말했으니까. 그 앎이 내면을 풍요로 채우고 있었다. 그리고 그 마음의 풍요가 현실의 풍족을 펼치고 있었다. 가난 속에서의 풍요로운 삶, 나는 겉은 가난하지만 속은 풍요로운 '겉가속풍'의 삶을 살고 있었다. 그리고 그 마음의 풍요가 이제는 겉의 풍족을 만들고 있다.

기부와 봉사, 나눔과 베풂은 남을 위한 것이 아니다. 그건 나를 위한 행동이다. 남을 이롭게 하는 것이 나를 이롭게 하는 것이다. 내 주변이 행복할 때, 그들이 행복으로 물들 때, 나는 이미 행복해져 있다. 그래서 부자는 행복하다. 남들에게 베풀 수 있는 행복이 크기 때문이다.

"돈이 많으면 베풀어서 좋고, 돈이 없으면 수행하기 좋다."

내가 좋아하는 법륜 스님의 말이다. 돈이 없는 가난한 삶에서도 기부하고 봉사하는 시간을 가져보자. 그 시간 속에 내 마음의 풍요로움이 생긴다. 그 마음의 풍요가 현실의 풍족을 펼쳐낼 것이다. 그 경험을 위한 수행의 시간이 바로 가난이다. 그래서 가난은 부를 선행한다. 내가 늘 말했듯이, 세상은 상대성의 원리가 존재한다. 가난한 현실은 반드시 풍족한 미래를 포함한다. 그리고 그 미래가 곧 펼쳐지게 될 것이다. 그때 가난은 부의 또 다른 얼굴임을 깨닫게 될 것이다. 가난한 겉모습 속에 숨어 있는 내 마음의 풍요, '겉가속풍'의 삶을 살 때 경험하는 인생의 연금술이다.

5장

내면의 숲을
이루다

세상이 '현실'이라는 트랙에 가지고 온 것을
나는 충실히 실행하고 온전히 누리면 그뿐이다.

1 감사하고, 감탄하고, 감동하라

　3년 전 오키나와 여행을 갔다. 2박 3일 일정의 골프 여행이었다. 1월의 오키나와는 초가을 정도의 날씨다. 라운딩하기에 최적의 환경이었다. 다만 시간이 다소 빠듯했다. 새벽에 인천공항에 도착해 오키나와로 넘어간 후, 바로 골프장에서 라운드를 진행했다. 저녁 식사를 마치고 숙소로 들어가니 밤 10시경이었다. 체크인을 하려고 여권을 찾는데, 여권이 보이지 않았다. 가방을 뒤지고, 지갑을 뒤져봐도 찾을 수가 없었다. 골프장과 식사한 곳에 전화를 해도 연락주겠다는 말만 들을 수 있었다. 다행히 같이 간 친구 여권으로 체크인을 하고 방에서 캐리어를 뒤졌다. 옷 사이사이를 살펴보고, 모든 주머니를 확인하고, 기억의 모든 장소를 복기해보았다. 그러다 피

곤에 지쳐 잠들었다.

"여권 찾았제?"

다음 날 아침, 병호 형이 대수롭지 않게 물었다.

"없던데요."

낙심한 채 내가 답했다.

"영사관 가서 임시 여권이라도 발급받으면 금방이다. 밥이나 먹자."

그런데 문제가 발생했다. 오키나와에는 영사관이 없었다. 섬을 벗어나야 다른 지역에서 임시 여권을 발급받을 수 있었다. 불안해지기 시작했다. 심박수가 증가했다. 뭔가 꼬였다.

주변에 영사관이 있는 지역을 살펴보았다. 후쿠오카 영사관에 전화해 보니 오늘 신청해도 월요일에 발급된다고 했다. 하지만 월요일은 내가 출근해서 한국에서 진료를 봐야 한다. 심장이 더 두근댔다. 그때 승훈이가 말했다.

"형님, 고베에도 영사관이 있는데 여기 전화해보시죠?"

다행히 고베는 오늘 바로 긴급 여권을 발급해 준단다. 아, 너무 다행이지 싶었다.

"밥이나 먹자, 개안타."

병호 형이 또 웃으며 이야기한다. 그러자 옆에 앉은 형수님이 덧붙였다.

"혼자 가면 심심할낀데, 우리도 고베 가서 맛있는 거 먹고

오자."

"형님, 제가 옆에서 에스코트 하며 같이 가 드릴게요. 형님 일본어도 못하시는데."

일본어 못하는 승훈이가 또 이야기한다. 다들 오늘 골프 라운드가 있는데.

세상에는 다양한 사람들이 있다. 그런데 어느 순간 내 주변에는 '3감(感)'하는 사람들만 남았다. 감사하고, 감탄하고, 감동하는 사람들이다. 그러면서 나도 '3감이'가 되고 있다. 일본어도 못하는데 같이 가겠다는 승훈이에게 감사하고, 혼자 가면 심심하니 같이 고베가서 맛집 투어 하자는 형수님께 감동하고, 늘 별문제 아니라고, 세상일 별거 없다고 말하는 병호 형에게 감탄한다. 그 3감 분위기에 미소가 저절로 생긴다.

'아, 뜻밖에 고베 여행을 하겠는데, 역시 이런 게 여행이지'라고 생각하며 조식을 마치고 있었다. 그때 여행사에서 전화가 왔다. 오키나와 공항에서 누군가 내 여권을 주워 경찰서에 맡겨 놨다고 했다. 오전에 경찰서를 방문해서 찾으면 된다고 전해주었다. 또다시 감사하고 감탄하고 감동하는 순간이었다. 3감 속에 있으니, 3감할 일이 넘쳐나고 있다.

오전에 여권을 찾아 오후에 골프를 쳤다. 뜻밖의 고베 여행은 못 했지만, 뜻 속의 일본 여행이 기억으로 남는다. 3감의 뜻과 의미를 다시금 새겨본다. 3감의 기억은 그 따뜻함 속에서 추억으로 변한다. 그 속에서 웃고 있는 그들이 지금도 생각난다. 나도 모르는 미소가 입가에 맺힌다.

우리는 항상 3감할 수 있다. 감사하고 감탄하고 감동한다. 하지만 늘 3감할 수는 없다. 하루를 보내면서, 오늘을 살면서 다양하고 다채로운 현실을 접하게 된다. 그 속에서는 불평하기도 하고, 불만하기도 하고, 불안해하기도 한다. 하지만 내 삶의 방향이 3감을 향한다면, 우리는 늘 3감할 수 없어도, 항상 3감할 수 있다. '늘'은 지속성이지만, '항상'은 방향성이다. '늘'은 '언제나 계속해서'지만, '항상'은 '언제나 변함없이'다. 그래서 나는 '늘' 3감하진 않지만, '항상' 3감하고 있다. 3불(不)할 상황에서도 3감하려 한다. 그러면 감사하게 된다. 그러면 감사할 일이 또 생기게 된다. 감사의 권리를 누리는 방법이다.

그래서 3감은 우리의 권리다. 3불 속에 남겨진 우리가 행복할 수 있는 스스로의 권리다. 3감할 때 우리는 행복할 수 있고, 3감하면 바로 행복해진다. 그래서 3감은 우리의 잉'여'의 '권'리, 즉 우리의 여권이다. 여권을 잃어버리지 말자!

2 그냥 재밌고 가볍게 삽니다

얼마 전 온라인 강의에서 한 학생이 물었다.
"작가님은 어떤 마음가짐으로 세상을 살아가세요?"
나는 이렇게 답했다.
"저는 그냥, 재밌고, 가볍게 삽니다. 그·재·가 삽니다."

나는 그냥, 재밌고, 가볍게 산다. 그리고 여러분도 그재가 살았으면 좋겠다. 인생은 별거 아니다. 잠시 몸을 렌털해서 경험하는 지구별 여행이다. 우리가 제주도에 가면 차를 렌털해서 이곳저곳을 방문하는 것과 똑같다. 그러니 너무 여행을 목표대로 하려고 하지 마라. 여행을 많이 해본 사람들은 안다. 계획대로, 생각대로 진행된 여행은 성공적이다. 하지만 기억에 남는 여행은 아니다. 여행은 전혀 예상치 못한 대로 갈 때, 평생의 추억 여행이 된다. 그건 스토리로 남기 때문이다. 성공한 여행은 사진이 남지만, 뜻밖의 여행은 이야기가 남는다. 사진은 기억이고 흘러가지만, 이야기는 추억이고 각인이 된다. 그 추억은 우리의 삶이 된다. 우리의 인생도 똑같다. 뜻밖의 운이 운명이 되는 것이다. 내가 지금 이 글을 쓰는 것처럼.

나는 그냥 산다. 그냥 산다는 건 막 사는 것이 아니다. 그냥 살지만, 최선을 다해서 산다. 하루하루 충실히 채워나간다. 다만 뭘 해야지 하는 집착 없이 살아간다. 예를 들어, 나는 즐겁게 산다. 하지만 즐거워지려 노력하지 않는다. 즐거움에 대한 집착이 없이 즐겁게 사는 것이다. 나는 행복하다. 그렇다고 행복하려 노력하지 않는다. 그냥 행복하게 산다. 나는 돈을 벌고 있다. 돈을 벌어야지 하는 집착 없이 그냥 지금 일을 하면서 돈을 번다. 그렇게 무위자연하며 살고 있다. 내가 원하는 대로, 내가 목표한 대로, 그것에 집착하며 그것을 위하여 사는 게 아니다. '지금' 세상이 준 선물을 받으며, '여기서' 내가 할 일을 충실히 할 뿐이다. '지금 여기'를 최선을 다해 보내고 있다. 그것이 즐겁게 사는 거고, 행복한 거고, 돈 버는 거다. 그냥 즐겁고, 행복하고, 돈 벌고 있는 것이지, 즐거워야 해, 행복해야 해, 돈 벌어야 해 하며 사는 것과 다르다. 그건 유위조작의 삶이다.

　세상은 내 뜻대로, 내 목표대로 펼쳐지지 않는다. 그건 세상을 조작해서 내가 원하는 대로 만들려는 욕심이고, 집착이다. 마치 코끼리 위에 올라탄 여러분이 본인 뜻대로 코끼리를 조정하겠다는 것과 똑같다. 코끼리는 당신이 원하는 대로 움직이지 않는다. 코끼리가 원하는 대로 움직인다. 그 망상을 내려놓고 코끼리에서 내려와 코끼리와 동행하자. 세상과 동행하는 삶, 그것이 '그냥' 사는 나의 방식이다.

　대학생 때 수영 강습을 받은 적이 있었다. 처음으로 킥판을 놓고 물에 뜨는 연습을 할 때, 강사님이 말했다.

　"이제 손을 앞으로 뻗어 가만히 있어보세요. 몸이 물이 뜨는 게 느껴질 겁니다."

　그런데 시간이 지날수록 몸은 물에 가라앉았고, 손과 발은 다시 허우적댔다. 그리고 허우적거릴수록 몸은 물속으로 더 들어갔다.

　"선생님, 계속 물에 가라앉아요. 가만히 있으려고 해도 계속 그래요."

　그때 하신 말씀이다.

> "가만히 있으려 하지 말고, 가만히 있으세요."

수영이 그렇듯 인생도 그렇다. 우리 삶의 진리다. 꼭 기억하자. 집착하면 할 수 없다. 그냥 하면 하게 된다. 하되 함의 없이 하는 것, 그것이 그냥 하는 삶이다.

두 번째, 나는 재밌게 산다. 그래서 사람들에게 말한다.
"오늘도 개즐소충하세요."
나는 개처럼 산다. 물론 늘 그렇다는 말은 아니다. 하지만 항상 즐거운 기분을 느끼며 살아간다. 기분은 삶의 방향타 역할을 하기 때문이다. 아침에 기분이 좋으면 하루가 즐겁고, 아침이 우울하면 저녁까지 가라앉는다. 하루가 그렇듯, 인생도 그렇다. 우리 삶의 방향은 기분이 정하고 있다. 설레는 마음을 가지고 살면 인생이 꽤 훌륭한 방향으로 흘러가지만, 부정적 마음으로 살아가면 부정적 현실을 만나는 이유다. 삶을 긍정과 부정으로 나누는 도구가 이 기분이다. 삶의 에너지, 긍정과 부정의 기운, 그 '기(氣)의 분(分)배'를 기분이 하고 있다. 그래서 기분(氣分)인 거다.

나는 이 기분을 긍정적으로 가꾸고 있다. 개처럼 살기 때문이다. 개는 인간보다 즐겁다. 아니, 개뿐만이 아니다. 자연계의 모든 생물은 인간보다 즐겁다. 적어도 그들은 괴롭지 않다. 인간만이 괴롭게 산다. 그래서 행복하지 않은 것이다. 개는 인간보다 행복하다. 개가 괴로워서 목매달고 자살했다는 기사를 본 적이 없다. 개는 괴롭지 않다. 나도 그렇게 살고 있다. 여러분도 즐겁게 살자. 인생 별거 아니다. 그냥 괴롭지만 않아도 인간계보다 나은 삶이다. 그것이 행복이다. 그냥 개처럼 살자.

마지막은, 가볍게 산다. 이게 핵심이다. 우리는 세상을 무겁게 산다. 머리부터 어깨, 허리와 무릎까지 무게에 짓눌려 산다. 바로 생각의 무게다. 생각이 우리를 짓누르고 있다. 더 정확히는 생각의 부정성이 우리를 누르고 있다. 마음의 두려움에서 떠오르는 게 이 부정적 생각이다. 과거의 후회, 현재의 걱정, 미래의 불안은 마음의 두려움에서 시작된다. 우리의 마음이 두려움으로 물들어서다. 그렇게 유전되었다. 늘 과거를 후회하고, 미래를 불안해하는 이유다. 그래서 현재를 살지 못한다. 불확실한 미래를 위해 현재를 희생할 뿐이다. 그래서 가볍게 살지 못한다. 늘 무겁게 살고 있다. 현재를 무겁게 살면 미래가 가벼울 거라는 착각이다.

나는 가볍게 산다. 그렇다고 생각 없이 사는 게 아니다. 나는 사유하며 살고 있다. 더 정확히는 알아차리며 산다. '아, 내가 이런 생각을 하고 있네', '또, 불안한 미래를 여행하고 있네', '흠, 쓸데없이 과거로 가 있구나'라고 알아차리며 지낸다. 떠오른 생각과 하나가 되는 것이 아니다. 그 생각을 살펴보며 지내고 있다. 생각을 생각하는 것, 그것이 사유고 명상이다. 그 사유가 일상이 될 때 삶은 가벼워진다.

나는 명상을 따로 하지 않는다. 명상은 하는 게 아니기 때문이다. 늘 생각을 생각하는 게 습관이 되면, 명상은 일상이 되고, 그 자체가 당연해진다. 그러면 알게 된다. 명상은 하는 게 아니다. 명상은 되는 거다. 그러면서 생각은 흘러가고, 삶은 가벼워진다. 삶이 힘든 건 이 생각의 무게 때문이다. 힘이 들 때, 힘을 빼면, 힘이 나는 이유다. 현실이 힘들 때, 생각의 무게를 덜어내면 알아차림의 힘이 생기기 때문이다. 그것이 알아차리는 삶이고, 가볍게 사는 방식이다. 생각 말고 사유하는 삶이다. 나는 그렇게 살아간다. 여러분도 조금 가볍게 살았으면 좋겠다. 인생을 놀듯이 살면 좋겠다. 그것이 여행이고, 그것이 인생이다. 우리는 그렇게 살라고 이 지구별에 초대받은 거다. 그러니 꼭 기억하자.

아재가 말한다. 그재가 산다!

3   나를 이롭게 하라

아침에 조깅을 하고 벤치에 앉아 쉬었다. 고개를 들어 위를 보니, 아름드리나무가 넓은 그늘을 만들고 있었다. 그 아래로 시원한 바람이 나를 맞이해준다. 가만히 생각해본다. 나무는 인간을 위해 그늘을 만드는 걸까? 그렇지 않다. 나무는 나무답게 살아가면서 그늘을 만든다. 그저 그 그늘이 우리에게 행복을 주는 것이다.

자기를 이롭게 하는 게 남을 이롭게 하는 경우가 많다. 그 말은 나를 이롭게 하는 것과 남을 이롭게 하는 게 다르지 않다는 것이다. 남을 이롭게 하는 건 결국 자신을 이롭게 하는 것이다. 남을 잘되게 해주는 것, 그것은 내 마음을 감사로 채우는 것이다. 나의 무의식이 감사로 가득할 때, 나는 감사와 함께하는 삶을 살게 된다. 감사와 행복은 먼 곳에 있지 않다. 내 주변 사람을 행복하게 할 때, 그들이 나에게 감사를 표할 때, 내 삶은 이미 감사와 행복으로 물들어 있다.

가족 간의 문제로 많은 이들이 내게 메일을 보낸다. 그들에게 나는 짧게 답한다.

"성인이 된 독립적인 가족 구성원을 위해 자신을 희생하지 마세요. 자신이 행복할 때, 가족도 행복할 수 있습니다."

가족을 돕는 건, 내가 행복해지는 거다. 하지만 가족을 위해 내가 희생하고, 내가 불행해지면 그 불행은 옆 사람에게 전해진다. 그 불행은 꼬리에 꼬리를 물고 가족 전체에 퍼진다. 한 사람의 마음속 불행이 가족 전체의 무의식이 되어 온 가족이 공유하게 된다. 한 가족의 집단 무의식은 이렇게 만들어진다.

부모는 자식에게 가장 강력한 무의식을 만들어 전달해 준다. 부모는, 특히 엄마는 자식에게 자신의 무의식을 고스란히 전달하는 역할을 한다. 여러분은 여러분의 자식에게 어떤 무의식을 전해 주고 싶은가?

우리 집은 장롱에 발가락을 찧을 정도로 좁았다. 그럴 때면 나의 엄마, 이영 여사는 늘 이렇게 말씀하셨다.

"하영아, 네가 너무 큰사람이라서 그래."

'나는 큰사람'이라는 무의식이 나를 키웠다. 엄마가 심어 준 그 무의식이 40년이 지난 지금도 마음에 각인되어 있다. 사실 마음에 박힌 건 엄마의 말이 아닌 그 말을 전해주는 엄마의 모습이다. 엄마는 가난하고 궁핍한 현실에도 나에게 당당한 모습을 보여주었다. 가난 속에서도 기부를 실천하고, 매주 나와 함께 성당에 헌금을 했다. 현실은 가난했지만, 그 가난을 나에게 강요하지 않았다. 가난을 강요하면 인색이지만 엄마는 나에게 부자의 권리를 가르쳤다. 기부와 봉사는 부자의 권리라고 배웠다. 나눔과 베풂은 그들의 의무이기에 우리가 하는 헌금은 나를 큰사람으로 만들어준다고 말했다. 그때의 눈빛과 말투, 표정과 미소가 아직 생각난다.

부모의 말이 자식에게 남는 것이 아니다. 부모의 모습이 자식에게 남는다. 미국 심리학자 앨버트 메라비언(Albert Mehrabian)의 연구에 따르면, 사람들은 말의 내용보다 말투와 표정을 더 깊이 기억한다고 한다. "공부해라"라는 말은 사라지지만, 책을 읽는 어머니의 모습은 자식의 마음에 남는다. 행복하자는 말보다 행복한 모습이 중요한 이유다. 엄마는 행복해야 한다. 그 행복의 의무는 본인을 위해서고, 자식을 위해서다. 자식의 행복을 위해 자신의 행복을 희생하지 마라. 전혀 다른 결과를 얻을 수 있다. 행복의 마스크 이면의 불행을 아이는 누구보다 잘 알고 있다. 그 무의식이 자식에게 전달된다.

내가 행복해야 한다. 내가 행복한 삶을 살아갈 때, 내 주변도 행복해진다. 부모에게 가장 큰 효도는, 가족에게 가장 큰 선물은, 바로 '내가 잘되는 것'이다. 내가 행복할 때 나의 부모, 나의 형제, 나의 자식도 행복해진다. 행복한 나무가 주는 그늘의 지혜다.

그 나무 아래 눈을 감고 있다. 시원한 아침 바람이 귓속에 머무른다. '아, 행복해.' 바람도 나무 아래에서 행복을 느낀다. 나도 그렇다. 나무가 잘 자랄 때, 자연도 행복하고 나도 행복하다. 나를 이롭게 하는 게 세상을 이롭게 하는 것이다. 그것이 자리이타의 깨달음이다.

4 소라의 노래

 어릴 적 광안리 바닷가에 살았다. 그때의 광안리는 지금의 바닷가가 아니었다. 지금처럼 해수욕장으로 개발되기 전, 그곳은 쓰레기장 비슷한 곳이었다. 여기저기 비닐봉지가 날아다니고, 버려진 술병과 먹다 남은 음식들이 굴러다녔다. 수없이 많은 개가 바닷가를 돌아다녔고, 공사하다 남은 폐자재도 그곳에 버려졌다. 광안리 바닷가는 나에게 쓰레기장 같은 곳이었다.

 하루는 엄마가 나에게 눈을 감아보라고 하며 말씀하셨다. "이제 곧 바다의 노래가 들릴 거야." 그러면서 무언가를 내 귀에 가져다 댔다. 그때였다. 나의 작은 귀에 '웅-' 하는 소리가 들렸다. 수평선 저 멀리서 들려오는 것 같은 고요한 바다의 소리였다. 고요했지만 살아 있었고, 선명했지만 아득한 소리였다.

엄마는 그 더러운 백사장에서 그 무엇보다 아름다운 소라 껍데기를 주워 나에게 들려주었다.

"이건 바다의 노래야. 평생 바다를 못 보는 사람들에게 바닷소리를 듣게 하려고 소라가 만들고 있어."

정말 그랬다. 소라는 바다를 품고 있었다. 그 소리는 파도의 소리가 아니었다. 파도를 만드는 심연의 바다, 그 바다의 깊은 소리였다.

나는 그날부터 소라 껍데기를 줍기 시작했다. 놀랍게도 광안리 바닷가에는 그 어느 곳보다도 다양한 모습의 소라 껍데기가 빛나고 있었다. 바닷가는 여전히 그대로였지만 변한 것은 나의 인식이었다. 그때부터 그곳은 쓰레기장이 아니었다. 소라 껍데기를 인식하고, 그것을 찾아다닐 때, 빛나는 소라 껍데기의 향연이 그곳에 펼쳐져 있었다.

우리의 삶도 마찬가지다. 인식이 존재를 부른다. 지금 눈을 감아보라. 그리고 내 주변에 얼마나 많은 빨간색이 있을지 상상해보라. 그리고 그 빨강을 인식한 채 눈을 떠보라. 주변을 돌아보면 알게 된다. 나는 빨강의 세상에 둘러싸여 있다. 세상은 빨강이다.

빨강을 인식할 때, 빨간 세상이 펼쳐진다. 소라 껍데기의 바다는 그것을 인식할 때 펼쳐졌다. 세상에 빨강이 펼쳐져 있듯, 행복도 마찬가지다. 행복도 나를 감싸고 있다. 그렇게 둘러싸인 행복을 인식하지 못한 채, 우리는 늘 파랑새를 쫓아다니고 있다. 무언가가 있어야, 어디를 가야만, 누군가와 함께해야 행복한 게 아니다. 더 많이 가지고, 사람들에게 인정받고, 다이어트에 성공하고, 사업에 성공해야 행복한 게 아니다. 소유, 관계, 건강, 성공은 행복이 아니다. 그것들은 행복의 조건이다. 조건의 행복은 조건이 충족될 때 행복해진다. 그건 행복이 아니다. 그건 '행복 렌털'이다. 카밀로 작가가 말한 '행복의 가석방' 상태다. 조건이 없어지면 언제나 불행해지는 껍데기 행복이다.

그래서 행복은 하는 게 아니다. 행복은 되는 거다. 이미 우리에게 존재하는 행복을 인식하고 그것과 하나가 되면, 우리는 바로 행복이 된다. 멀리 있는 행복을 찾으려 뭔가를 하는 게 아니라, 이미 있는 행복과 하나가 되면 그만이다.

행복은 Doing이 아니다.
행복은 Being이다.

하지만 그것이 쉽지 않다. 우리는 늘 행복을 찾으려 한다. 행복은 이곳이 아니라 저곳에 있을 거라는 착각 때문이다. 그곳이 이곳보다 좋을 것이라는 비교 망상이다. 그 비교의 생각이 우리를 여기에 머물지 못하게 한다. 비교가 우리를 괴롭히고, 생각이 우리 삶을 무겁게 한다. 우리는 생각의 무게에 짓눌려 살기 때문이다. 늘 비교하고, 늘 결핍을 느끼고, 늘 두려움에 빠져 허우적대고 있다. 생각의 파도가 우리 삶을 흔들고 있다.

소라는 바다를 품고 있다. 소라는 파도를 품은 게 아니다. 그래서 소라를 추억하면 마음이 편안하다. 파도는 바다의 '일'이다. 생각도 마음의 '일'이다. 바다가 파도를 만들 듯, 생각은 마음에서 떠오른다. 파도는 흔들리지만, 바다는 고요하다. 흔들리는 생각 속에서 마음은 고요하다. 그 고요한 마음이 바로 알아차림이다. 생각의 파도가 나를 힘들게 할 때, 그 생각을 바라보고 알아차리면 우리는 바다가 된다. 두려움은 사라지고 고요함이 남는다. 그 고요함이 바로 행복이다. 두려움 속에서도 행복해지는, 늘 나와 함께하는 행복과 하나가 되는 방법이다. 나는 행복에 둘러싸여 있음을 아는 것, 그 앎이 우리를 행복으로 이끈다.

행복은 지천에 널려 있다. 그 지천에 있는 행복을 우리가 인식하고, 그 행복과 하나가 될 때, 우리 삶은 행복으로 가득하게 된다. 그때 알게 된다. 세상은 행복으로 물들어 있음을.
그때 듣게 된다. 소라 껍데기가 주는 바다의 노래를.

5 행복은
여기에 있다

    2024년 한국인의 기대수명이 여성은 90세, 남성은 86세를 넘겼다. 기대수명은 올해 태어난 신생아의 기대되는 삶의 기간을 말한다. 기대수명이 해마다 늘어나는 걸 보면, 앞으로 100세를 넘길 날도 얼마 남지 않은 것 같다. 그런데 문득 이런 생각을 해본다. 기대수명이 늘어날수록 우리는 행복할까? 오래 살수록 우리가 행복할까? 절대 그렇지 않다. 오히려 나이에 대한 집착이 우리를 불행하게 만들고 있다. 나는 '몇 살까지 살 수 있다'라는 기대수명이 우리를 괴롭힌다. 그 기준이 우리를 결과 중심적인 삶으로 이끌기 때문이다. 그 미래를 위해서 오늘을 희생하고 있다.

우리가 사는 방식은 두 가지가 있다. 결과 중심적인 삶과 과정 중심적인 삶이다. 대부분은 결과 중심적으로 산다. 그래서 삶의 목표를 정하고, 그 목표를 이루기 위해 오늘을 '열심히'로 채우고 있다. 물론 자신이 원하는 미래를 위해 열심히 살지 말라는 말이 아니다. 다만 그 과정이 결과만을 위한 희생이 되어서는 안 된다. 희생은 절대로 오래가지 못하기 때문이다. 나를 희생해서 누군가를 도울 때, 시도는 쉽지만 지속은 어렵다. 인간은 누구나 이기적 존재이기 때문이다. 내 삶에 대해서도 마찬가지다. 오늘을 희생하며 내일을 위할 때, 시작은 해도 계속할 수는 없다. 작심삼일이라는 단어가 사라지지 않는 이유다. 우리는 그렇게 살 수 없다.

반면, 과정 중심적인 삶은 다르다. 지금 여기에 의미와 가치를 담으며 충실히 살아가는 모습이다. 그 충실함 속에서 우리는 성장한다. 그 성장이 '잘함'이라는 느낌을 만들고 있다. 성장하면 잘하게 된다. 그리고 잘하면 계속하게 된다. 즐겁기 때문이다. 즐거움의 밑바탕에는 잘함이 깔려 있다. 우리는 뭔가를 잘할 때 즐겁다. 못하는 걸 계속하면 괴로운 이유다. 오늘이라는 과정에서 성장의 의미와 즐거움의 가치가 생길 때, 우리는 그걸 지속할 수 있다. 그리고 지속할 때 우리는 우리가 생각하는 목표의 끝에 다가설 수 있다. 그 높이가 나의 성장으로 낮아질 때, 나는 이미 결과 중심적인 삶을 사는 것이다. 어느새 나의 성장이 내 목표를 넘어섰기 때문이다. 그 자연스러운 성취 속에서 우리는 행복을 느낀다. 성장과 행복은 결과 중심이 아닌 과정 중심적 삶의 키워드다. 오늘을 위해 사는 것, 그건 이미 미래를 위해 사는 것이다.

    그런데 그것이 쉽지 않다. 인간은 오늘보다 내일을, 현재보다는 미래를 위해 산다. 두려움 때문이다. 인간이 가진 근원적 감정인 두려움은 과정보다 결과에 관심이 많다. 왜 그럴까? 미래는 모르기 때문이다. 우리는 알고 있을 때, 두렵지 않다. 아는 사람, 아는 장소, 아는 길은 전혀 두렵지 않다. 첫 만남, 처음 가본 곳, 초행길이 두렵다. 모르기 때문이다. 미래도 마찬가지다. 미래도 모르기 때문이다. 그래서 두려움은 미래를 향한다. 그리고 이 두려움이 우리 삶을 늘 미래에 두려고 한다. 그렇게 우리의 미래 여행은 시작된다.

    우리는 미래라는 시간 여행을 위해, 현재라는 만찬을 놓치고 있다. 세상은 오감의 만찬이다. 보고, 듣고, 맛보고, 향을 느끼며, 만질 수 있는 선물이 있는 곳이다. 그 선물을 즐기며 여행하는 곳이 현재라는 지금이다. 하지만 우리는 언제 죽을지 모른다. 그 모름이 기대수명에 대한 기대를 만든다. 그 기대는 집착이 되고, 집착은 착각을 만든다. 우리는 그 몇십 년 뒤의 삶을 기대하며, 착각 속에서 살아간다. 그 착각과 집착과 기대를 내려놓고, 지금 여기에 머물러 현존할 때, 우리는 결과 중심이 아닌, 과정 중심적 삶을 살게 된다. 미래를 사는 게 아니라, 지금을 살게 된다. 지금 여기에 머무를 때, 마시는 커피 향이 더 잘 느껴지고, 불어오는 바람에도 따스함을 느낄 수 있다. 며칠 전 싸웠던 동료를 이해하게 되고, 내년 승진에 대한 불안감도 사라진다. 불평하고, 불만하고, 불안해하던 삶이 감사하고, 감탄하고, 감동하는 인생으로 변하게 된다. 그렇게 우리는 달라진다. 오감을 더 즐기고, 시간 여행을 내려놓게 된다. 과거를 여행하면서 후회하고, 미래로 가서는 또 불안해한다. 그 생각의 타임머신을 내려놓을 때, 우리는 바로 행복해진다. 그것이 과정 중심적인 삶이다. 그 속에 행복이 있다. 성장도 있고, 결과도 있다. 알고 있는가? 행복은 미래에 없다.

행복은 여기에 있다. 기대수명에 기대 행복은 없다.

6   마음의 부력

"작가님 마음을 바꾸면 부자가 된다는 게 이해가 잘 되지 않습니다. 돈이 많아야 부자가 되는데, 마음이 돈을 벌어주나요? 그냥 정신 승리 같은 거 아닌가요?"

마음의 중요성을 자주 언급하다 보니, 이런 질문이 많이 올라온다. 그때마다 생각한다. '아, 저분은 지금 마음처럼 되겠구나.' 사유와 명상, 마음 챙김을 통한 내면 정화가 일어나야 우리 마음이 변하게 된다. 우리 마음에는 내면의 숲, 이너 포레스트가 존재한다. 그 숲이 긍정으로 채색되어야 한다. 풍요로 채워지고, 감사로 물들어야 한다. 그때 이 마음이 또 다른 세상을 펼쳐내기 시작한다. 하지만 그 변화는 꽤 오랜 시간을 필요로 한다. 무의식의 밭에 뿌려진 생각의 씨앗이 싹

이 트고, 가지를 뻗어, 열매 맺기까지는 시간이 필요하기 때문이다. 그 시간이 보통 7~8년 이상이다. 골프 스윙이 익숙해져 몸이 알아서 채를 휘두르는 데까지 7년 이상이 필요하다. 마음이 변하는 데는 그 이상의 수행과 연습이 필요한 것이다. 삶의 습관이 바뀌는 시간이 스윙 습관을 만드는 것보다 긴 것은 당연하다.

요즘 삶의 지혜를 이야기하는 곳이 많다. 서점을 둘러봐도 수많은 책이 나와 있고, 신부님, 목사님, 스님의 강연을 들을 수도 있다. 유튜브나 TV 채널에도 마음과 명상, 무의식에 관한 이야기가 넘쳐난다. 과거에는 소수의 수행자나 성직자, 종교인들에게만 전수되던 영성 관련 내용이 이제는 많은 사람에게 전파되고 있다. 영성의 대중화 시대다. 그러다 보니 영성의 진리를 머리로만 이해하는 사람이 늘고 있다. 지혜의 지식은 많은데, 그 지식에 대한 경험은 부족하다. 경험이 없으니 자각의 시간도 전무하다.

깨달음은 머리에서 나오는 게 아니다. 경험을 통한 지식의 체득 과정에서 몸으로 느끼고 마음에 각인될 때 나타난다. 마음의 자각은 '아, 그렇구나'의 순간이다. 그것이 깨달음의 시작이다. 돈오점수(頓悟漸修)의 '돈오(頓悟)'다. 문득 알게 된 깨달음에 마음이 설렌다. 지혜의 지식이 머리가 아닌 가슴을

울리는 순간이다. 그 순간을 기억하며 이제는 그 자각을 쌓는 시간이 필요하다. 체득된 지혜를 쌓아가는 과정, 그 증득의 과정이 바로 마음 공부다. '점수(漸修)'의 시간은 이 기간을 통해 쌓이게 된다. 머리로 취득한 지식을, 몸으로 체득하며, 마음에 증득하는 시간이 수행이다. 그렇게 마음에 쌓은 무의식의 씨앗이 시간을 지나 내면의 숲을 이루고, 그 숲에 부는 바람이 우리에게 전해진다. 우리의 생각, 감정, 느낌은 이 바람에서 시작한다. 마음의 숲이 긍정으로 채색되고, 풍요로 채워지고, 감사로 물들 때, 우리에게 긍정의 생각, 풍요의 감정, 감사의 느낌이 나타나게 된다.

앞서 질문하신 분은 마음에 각인된 '돈이 부자를 만든다'는 무의식이 내면의 숲을 만들었다. 그 숲의 바람이, 즉 그분의 생각을 통해 그런 현실을 만들고 있다. 언젠가 '마음의 풍요가 현실의 풍족을 만든다'는 씨앗이 뿌려질 때, 그분도 이미 그런 현실 속에 살고 있음을 알게 될 것이다. 마음의 인식이 현실의 존재를 부르기 때문이다.

나무는 물에 뜨지만, 철은 물에 가라앉는다. 그런데 철로 만든 배는 물에 떠 있다. 엄청난 무게의 컨테이너를 실어도, 철로 만든 배는 가라앉지 않는다. 왜 그럴까? 부력 때문이다. 부력이란, 물속의 물체를 중력에 반하여 위로 올리는 힘을 말한다. 부력이 생길 때, 배는 침몰하지 않는다. 물에 뜨게 된다. 그런데 물속에 빠지는 철과 물 위에 뜨는 배의 차이는 뭘까? 바로 '밀도'다.

나무의 밀도는 물보다 낮아서 물 위 뜨게 된다. 그런데 철의 밀도는 물보다 높다. 철은 물에 가라앉는다. 그런데 이 철에 공기를 담을 때, 보이지 않는 공기가 부력(浮力)을 만들어 배를 뜨게 한다. 보이지 않는 공기가 보이는 배를 부유하게 한다. 그래서 우리는 배를 타고 놀러 가고, 배를 이용해 수송도 한다. 마찬가지다. 보이지 않는 우리의 마음, 우리의 무의식이 우리의 현실을 떠오르게 한다. 그리고 그것들이 풍요로 채워져 있을 때, 이 보이지 않는 풍요의 에너지가 부력이 되어 현실의 풍족을 보이게 한다. 현실 공간에 풍요를 펼쳐내는 것이다.

마음의 풍요가 현실의 풍족을 떠오르게 한다. '떠오르는 것', 그걸 우리는 부유라고 한다.

철 속의 공기가 배를 부유(浮遊)하듯
마음의 무의식이 나를 부유(富裕)하게 한다.

부유한 삶은 마음의 풍요가 만들기 때문이다. 그렇다면 우리가 할 일은 하나다. 우리의 마음을, 우리의 내면을 바꾸는 것이다. 우리의 이너포레스트를 풍요로 채우는 것. 그것이 우리가 해야 할 지구별 여행의 가장 의미 있는 일이다. 마음의 풍요, 그 보이지 않는 무의식의 에너지가 우리를 최고의 부자로 떠오르게 한다. 그것이 바로 부력(富力)이다.

7   사는 이유는 없다

"작가님, 사는 게 재미가 없습니다. 왜 사는지도 모르겠습니다."

문화센터 강연장에서 40대 여성이 조심스레 질문했다.

"아이도 잘 크고 있고, 남편과의 불화도 없어요. 건강에도 큰 문제가 없고, 맞벌이 부부라 경제적으로도 부족함이 없죠. 집도 시댁에서 해주셔서 거주에 대한 불안도 없습니다. 남들은 제가 행복할 거라고 말하는데, 저는 전혀 그렇지가 않아요. 그냥 시간만 보내는 느낌이에요. 뭔가 해야 할 것 같은데, 그것이 뭔지 모르겠어요. 삶의 이유를 잃어버린 것 같아요."

그녀의 질문은 문득 20대 시절 나 자신에게 던졌던 질문을 떠올리게 했다.

'나는 왜 살고 있을까?'

하지만 그때는 답을 찾을 새도 없이 바빴다. 의대 공부, 인턴과 레지던트 생활에 치여 고민할 틈이 없었다. 그러다 40대 후반이 된 어느 날, 같은 질문을 다시 듣게 된 것이다. 그리고 답을 드리며 깨달았다. '아, 나는 이미 그 답을 알고 있었구나.'

사는 이유는 무엇일까? 정답은 이거다. 사는 이유는 없다. 그냥 살고 있으니까 사는 것이다. 이미 태어났으니 그냥 살고 있다. 그러다 죽음이 찾아오면 별 이유 없이 죽는 것이다. 죽는 이유가 없듯이 사는 이유도 없다.

지금 자신의 손을 보라. 손이 존재하는 이유가 무엇일까? 악수하기 위해서? 밥 먹기 위해서? 글쓰기 위해서? 그렇지 않다. 손은 그냥 있기 때문에 있는 것이다. 그냥 태어날 때부터 그렇게 태어났다. 악수하려고 손이 있는 게 아니다. 숟가락 때문도 아니고, 펜 때문도 아니다. 그냥 있기 때문에 있는 것이다. 사는 것도 똑같다. 살기 때문에 사는 것이다.

그런데 그 삶의 의미와 가치는 내가 부여할 수 있다. 나는 그 삶을 행복으로 채우려 한다. 행복하게 사는 게 내 삶의 의미와 가치다. 그리고 그 행복한 삶을 위해 나는 풍요를 추구하고, 감사와 함께한다. 풍요를 통해 세상에 나눔을 실천하고, 감사를 주고받으며 살고 있다. 'why' 없는 삶에 'how'의 가치를 담고 있다.

사는 이유는 없다. 하지만 어떻게 살지는 본인이 정하면 된다. 행복하게 살 것인지 혹은 괴롭고 불행하게 살 것인지는 스스로의 선택이다. 신기하게도 많은 사람들은 괴로움을 선택한다. 괴롭지 못해 안달 난 사람처럼 살아간다. 그러면서 계속 삶의 이유를 찾고 있다. 없는 이유를 평생 찾다 보니 허무해진다. 답이 없는 문제를 고민하며 괴로워한다.

인간은 수명은 100년 내외다. 지구는 어떨까? 지구의 나이는 46억 년 정도다. 46억 년 동안 지구는 돌고 있다. 지구는 왜 돌고 있을까? 그냥 돈다. 그렇게 태어났기에 돌고 있는 것이다. 그래서 도는 지구에 이유는 없다. 하지만 지구가 돌기 때문에 공기의 순환이 생기고, 그 순환이 대류 현상을 만들어, 구름을 만들고, 비를 내리게 하고, 비가 모여 바다가 되고, 그 바다에서 생명이 탄생했다. 그 생명이 진화를 거쳐 여러분과 내가 되었다. 생명의 탄생과 자연의 조화는 지구가 만들고 있다. 그것이 우리가 바라보는 지구의 의미와 가치다.

존재가 이유를 선행한다. 우리는 이미 존재하기에 존재의 이유를 묻는 것은 의미가 없다. 손은 있으니까 있는 것처럼, 삶은 생존하기에 있는 것이다. 죽음의 인연이 다가오면 우리는 그 존재를 다하게 된다. 그러니 사는 이유를 찾을 시간에 어떻게 하면 행복할지 고민해보라. 행복은 멀리 있는 게 아니다. 살아 있다는 게 행복한 것이다. 행복은 경험이고, 경험은 살아 있을 때만 가능하다. 그러니 그 경험을 할 수 있는 건강한 몸에 감사하고, 즐겁게 말하고, 행복하게 지내보자. 그러면 알게 된다. 세상은 행복으로 가득 차 있다. 살아 있다는 단순한 기적과 볼 수 있다는 황홀한 축복, 말하고 움직일 수 있는 자유로움에 감사하며 세상을 바라보자. 행복으로 물든 세상이 눈앞에 펼쳐질 것이다. 지구는 46억 년째 돌고 있다. 고작 100년 사는 인생, 행복하게 살자.

8 생에 어떤 이야기를 담을 것인가?

　얼마 전 유튜브에서 한 청년의 인터뷰를 보았다. 신장암 말기의 30대 남성은 자신의 삶을 "월세로 사는 삶"이라 표현했다. 매달 내는 월세처럼, 자신의 인생을 살아간다고 했다. 월세로 사는 삶이라. 마음이 아팠다. 그러곤 생각에 잠겼다. 나도 그랬다. 나 역시 매일을 빌려 살고 있었다. 정확히는, 하루 단위로 살아가는 일세(日貰)의 삶이다.

　아침에 눈을 떠 침구를 정리한다. 그리고 '나의 하영아, 넌 이미 풍요와 감사의 트랙에 있어'라는 말과 함께 또 다른 나의 존재를 느낀다. 이어서 "아이는"을 말하며 미소 짓는다. 아침을 여는 나의 리추얼이다. 그리고 개처럼 즐겁게, 소처럼 충실하게 하루를 보낸다. 밤이 되면 다시 눈을 감는다. 이내 깊은 잠에 빠진다. 현실에서 벗어난다. 나의 의지와 나의 의식이 없는 시공간에 머무른다. 그러곤 다시 현실 세계로 돌아온다. 매일매일 무의식의 세상에서 의식의 세상으로, 나의 세상에서 마음의 세상으로 돌아간다. 삶은 그것의 반복이다. 그 반복에서 돌아오지 못하면 나의 일세는 끝이 난다. 생시의 세상에서 깊은 잠의 세상, 더 나아가 죽음의 세상으로 넘어가며 나의 삶은 마감한다. 우리 모두가 그렇다. 그렇게 일세로, 월세로, 연세로 살아간다.

우리는 모두 시한부 인생을 산다. 그 여생의 기간이 다르고, 선고를 받지 않은 것의 차이일 뿐이다. 몇 해 전, 동기가 갑작스럽게 세상을 떠났다. 오랜 투병 생활 끝에 돌아가신 선배도 있었고, 사고로 원치 않는 죽음을 맞이한 친구도 있었다. 스스로 생을 마감한 후배도 있었다. 누구나 죽음은 무섭고, 허망하다. 그래서 죽음은 떠올리기 싫고, 입에 담기도 무서운 단어다. 엄마가 살아 계실 때, 엄마의 죽음을 절대로 생각하지 않았다. 나에게도 죽음은 단어 자체가 주는 위압감이 있었다. 두려움이다. 우리는 죽음을 두려워한다. 삶에 가장 두려운 존재가 죽음이라는 것을 그 누구도 부정할 수 없다.

위암 말기의 40대 가장이 나에게 메일을 보냈다. 그도 월세로 사는 삶을 산다고 말했다. 그 누구에게도 말하지 못했던 두려움과 불안, 그리고 가족에게 대한 미안함이 전해졌다. 그중에서 가장 큰 두려움은 자신의 삶이 얼마 남지 않은 것에 대한 불안이었다. 그리고 억울함이었다. 누구는 100년을 사는데, 자신은 40년밖에 살지 못하는 것에 대한 분노와 억울함이 메일의 한 자 한 자에 담겨 있었다.

삶은 무엇일까? 우리의 삶은 결국 하나의 이야기다. 삶은 스토리로 남고, 인생은 그 이야기들이 쌓인 것이다. 삶의 모든 것은 마음의 인식에서 비롯된다. 내가 그렇게 판단하고, 해석하고, 나의 언어로 기록한 생각의 이야기. 그것이 곧 나의 삶이다. 내가 알고 있는 이야기, 그 앎이 인생의 추억으로 남는다. 그래서 '앎'이 곧 '삶'인 것이다.

인생이 짧다는 것은 이야기가 짧다는 것이다. 그 이야기를 풍성하게 채우는 것, 나의 언어로, 나의 문장으로 나의 스토리로 채우는 게 우리의 삶이다. 그건 시간의 길이와 무관하다. 하루를 살면서 100개의 스토리를 채우는 사람이 있는가 하면, 100일을 살면서 하나의 이야기밖에 없는 사람도 있다. 그것이 삶의 차이고, 더 정확히는 삶의 속도 차이다.

스토리가 없는 삶은 그 속도가 빠를 수밖에 없다. 추억이 없기 때문이다. 나이가 들수록 삶이 빨라지는 이유다. 많은 경험을 했다는 착각 때문에, 지금의 일상을 즐기지 못한다. 일상의 당연함에 감사를 못 느낀다. 그 감사가 주는 일상의 선물을 받지 못한다. 선물을 받지 못하기에 지금을 흘려보내게 된다. 우리가 선물을 받을 때, 그 시간은 스토리로 남는다. 누군가에게 선물을 받았던 적이 있는가? 그 시간은 반드시 우리에게 저장된다. 선물의 추억은 우리 마음에 각인되기 때문이다. 나이가 들수록 삶의 속도가 빨라진다. 스토리가 없기 때문이고 추억이 남지 않기 때문이다.

나는 매일매일 일세로 살아간다. 그건 내일 죽을지도 모른다는 두려움으로 사는 게 아니다. 오늘을 충실하게 살려는 나의 의지다. 오늘을 즐겁고 충실하게 살아가면, 지금 여기에 많은 선물이 있다. 일상의 감사 속에서 오늘의 선물을 받으며 그 이야기를 담아내고 있다. 그 이야기 속에서 내 삶은 더 충만해진다. 그 삶의 이야기가 나의 시간, 나의 여생을 늘려주고 있다. 여생은 타인이, 의사가, 세상이 정해 주는 게 아니다. 여생은 내가 만드는 것이다. 여러분도 마찬가지다. 여러분의 인생은 여러분이 만드는 생이다. 의사가 선고하는 것이 여생이 아니다.

여러분이 만드는 생, '여'러분의 '생'이 여생이다.

지금도 나는 그 여생을 만들고 있다. 이 글 속에서 나는 내 생을 늘리고 있다. 내 삶을 글로 채우고 있다. 글을 쓰는 이 순간 나는 즐겁고 충실한 '지금 여기'를 온전히 채우고 있다. 그 채움의 즐거움을 여러분도 누렸으면 좋겠다. 지금 여기, 여러분은 무엇을 채우고 있는가? 여생, 여러분의 생을 위하여 고민해보자.

9   삶은 꿈이다

미래 2300년, 지구의 환경이 파괴되어 우주선에서 사람들이 생활하고 있다. 그곳에선 하루 종일 누워서 잠을 잔다. 23시간 59분의 잠을 자면서 여러 가지 영양분을 공급받고 건강도 체크하고 있다. 깨어나는 시간은 하루 1분이다. 1분 정도 깨어나 잠시 눈을 뜬 후 다시 잠을 잔다. 그렇게 좁은 캡슐에서 평생을 보내며 지낸다.

인류는 그 속에서 꿈을 꾸고 있다. 23시간 59분의 꿈을 꾸다가, 1분 정도 잠에서 깨 생시의 시간을 보낸다. 그것이 지금 우리의 해석이다. 과연 그럴까? 절대 그렇지 않다. 전혀 다른 반대의 상황이 펼쳐진다. 23시간 59분을 깨어 있다가 1분 정도 꿈을 꾼다고 판단한다. 꿈과 생시의 전환이 일어난다.

거짓말 같은 이야기가 현실이 된다. 꿈이 길어질 때, 생시는 꿈이 된다.

우리가 잠에서 깨어나 꿈을 돌아보면 꿈은 금방 잊힌다. 꿈은 꿈이기 때문이다. 가짜인 꿈에 큰 의미를 부여하지 않는다. 진짜인 현실을 헤쳐나가기도 바쁜 게 우리의 삶이다. 꿈에서 깬 현실, 생시의 시간이 훨씬 길기 때문이다. 그런데 이 둘이 바뀌면 어떨까?

꿈의 시간이 하루를 다 차지하면, 꿈과 현실의 구분은 사라진다. 오히려 꿈의 시간이 더 의미 있는 시간이 된다. 1분의 생시는 기억조차 나지 않는다. 우리가 그렇게 당연히 생각하는 진짜인 현실이 꿈보다 의미 없는 시간이 된다. 꿈을 위한 삶이 펼쳐지면, 그 꿈이 현실이 된다. 장자의 '호접몽'은 먼 나라 이야기가 아니다. 미래의 인류에게 충분히 일어날 일이다. 왜 내가 이런 이야기를 하고 있을까? 우리의 현실도 사실 꿈과 같기 때문이다.

꿈은 우리의 의식이 만든 환상이다. 꿈에서 깨어나면, 그 의식에서 깨어나면 꿈은 사라지고, 현실이 펼쳐진다. 그러면 우린 안다. '아, 꿈이었구나. 가짜였구나. 환영이었네.' 마치 한 편의 영화처럼 꿈의 시간은 사라진다. 아무리 기쁘고 슬픈 꿈을 꾸었어도, 그 꿈이 너무 아까워서 다시 들어가려고 해도, 우린 그곳에 다시 들어갈 수 없다. 꿈은 의식이 만든 환영이었을 뿐이다.

　우리 삶도 마찬가지다. 우리의 인생도 의식이 만든 해석일 뿐이다. 세상이라는 스크린에 우리의 의식이 영화를 만들고 있다. 즐겁고 행복한 장면을 만들기도 하고, 괴롭고 공포스러운 모습을 만들기도 한다. 그리고 우리는 의식이 만든 이 영화를 보며, 그렇다고 분별하고 해석하고 판단하며 살고 있다. 스스로 가난하다 해석하고 가난한 삶을 살고, 내가 괴롭다고 판단하며 괴로운 삶을 산다. 외롭다 생각하고 외로운 시간을 보내고, 못났다고 비교하며 열등한 인생을 살고 있다.

　사실 그런 삶은 없다. 세상은 스크린일 뿐이다. 세상이라는 스크린에 우리의 의식이, 우리의 생각이 그렇게 해석한 영화를 상영하고 있다. 울고, 웃고, 싸우고, 피가 낭자한 영화 장면에서도 스크린은 그 피에 물들지 않는다. 스크린은 텅 비어 있어서 아무런 일이 일어나지 않는다. 이 세상도 그렇다. 세상이라는 본바탕에는 아무런 일이 없다. 우리가 해석해서 연출한 인생 영화만 그 위에서 돌아갈 뿐이다.

　가난한 삶은 없다. 삶에 대한 해석이 가난할 뿐이다. 괴로운 삶은 없다. 삶을 괴롭게 분별하기에 그런 시간을 보낼 뿐이다.

　아침에 출근해 직장에서 일을 하고 있다. 오전 업무를 처리하고 기획서를 제출했는데, 부장님에게 크게 혼이 났다. 그 스트레스로 하루 종일 일이 손에 잡히지 않는다. 퇴근할 때까지 화가 났고, 그로 인해 괴로웠다. 업무를 마치고 직장 동기와 회사 앞에서 술을 한잔 기울였다. 부장을 안주 삼아 오늘의 괴로움을 이야기했다. 잠시의 기쁨도 있었지만, 집으로 돌아오니 부장을 내일 다시 볼 생각에 부아가 치민다. 또다시 괴로워진다. 그러다 잠에 곯아떨어진다. 그제야 안다. 이제 드디어 괴로움이 사라졌다.

　괴로움은 잠잘 때 사라진다. 깨어 있을 때 괴로움은 늘 나와 함께한다. 분별이 사라질 때, 괴로움이라는 해석과 판단이 사라지기 전까지 나에게는 괴로움이라는 영화가 펼쳐진다. 그 영화 속에서 나는 괴로운 인생의 주인공이 되어 하루 종일 시간을 보내고 있다.

> 그 해석이 오늘이 되고,
> 그 판단이 하루가 되며,
> 그 분별이 나의 삶이 된다.

　불교에서는 분별하지 않는 삶을 강조한다. 세상을 있는

그대로 바라보고, 분별하지 말라고 한다. '지관(止觀)', '생각을 멈추고 관찰하라'고 말하고, '정견(正見)', '바르게 중도의 마음으로 세상을 보라'고 이야기한다. 물론 그렇게 살아도 된다. 다만 나는 세상을 긍정하며 사는 게 좋다. 긍정도 부정도 없는 무분별의 삶보다는 세상을 긍정하고, 삶을 풍요롭게, 인생을 감사로 해석하며 지내고 있다. 그렇게 해석하는 삶이 맛있다. 물론 긍정은 부정을 포함하고, 행복은 괴로움을 껴안고 있다. 기쁨과 슬픔은 하나임을 알기에 즐거운 시간 속에서 괴로움의 시간을 허용할 용기가 있다. 삶은 영화이기에 그 영화 속 힘든 장면을 나는 얼마든지 즐길 수 있다. 즐거움만 있는 영화는 영화가 아닌 포르노임을 알기에, 삶이라는 영화 속에서 힘든 현실을 헤쳐나갈 여유와 앎이 자리 잡고 있다.

그 깨달음이 나를 자유롭게 해준다. 삶이 한 편의 영화임을 알 때, 우리는 그 영화를 즐길 수 있다. 우리가 그 영화의 감독이고, 그 영화의 비평가며, 그 영화의 관객이다. 세상은 사실 아무런 일이 일어나지 않았다. 텅 빈 스크린은 영화에 물들지 않는다. 단지 우리가 만든 영화가 그 위에 방영되고, 우리는 그것을 즐기고 있다. 그러니 너무 무겁게 살지 말자. 가볍고 즐겁게 살자. 우리 영화 보러 갈 때 즐거운 마음으로 간다. 우리 꿈꿀 때 진지하게 꿈꾸지 않는다. 즐겁게 영화를 보고 가볍게 꿈을 꾼다. 그렇게 살자. 그것이 우리 삶이고, 우리 인생이다. 참을 수 없는 존재의 가벼움은 여기에서 온다.

우리는 꿈이다.

인생의 연금술

초판 1쇄 발행 2025년 5월 28일
초판 4쇄 발행 2025년 9월 4일

지은이 이하영

발행인 윤승현 **단행본사업본부장** 신동해
편집장 김경림 **책임편집** 최은아
디자인 this-cover
마케팅 최혜진 이인국 **홍보** 반여진
제작 정석훈

브랜드 웅진지식하우스
주소 경기도 파주시 회동길 20 웅진씽크빅
문의전화 031-956-7214(편집) 031-956-7089(마케팅)

홈페이지 www.wjbooks.co.kr
인스타그램 www.instagram.com/woongjin_readers
페이스북 www.facebook.com/woongjinreaders
블로그 blog.naver.com/wj_booking

발행처 ㈜웅진씽크빅
출판신고 1980년 3월 29일 제406-2007-000046호

ⓒ 이하영, 2025
ISBN 978-89-01-29485-8 03190

- 웅진지식하우스는 ㈜웅진씽크빅 단행본사업본부의 브랜드입니다.
- 이 책은 저작권법에 의해 한국 내에서 보호를 받는 저작물이므로 무단 전재와 무단 복제를 금합니다.
- 책 내용의 전부 또는 일부를 이용하려면 반드시 저작권자와 ㈜웅진씽크빅의 서면 동의를 받아야 합니다.
- 책값은 뒤표지에 있습니다.
- 잘못된 책은 구입하신 곳에서 바꿔드립니다.